MADAME BARBIER

SOUVENIRS

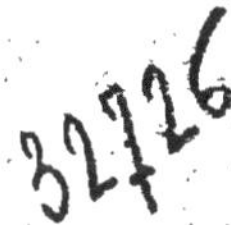

MADAME BARBIER

SOUVENIRS

MADAME BARBIER

SOUVENIRS

PARIS
V. GOUPY ET JOURDAN, IMPRIMEURS
RUE DE RENNES, 71.
1879

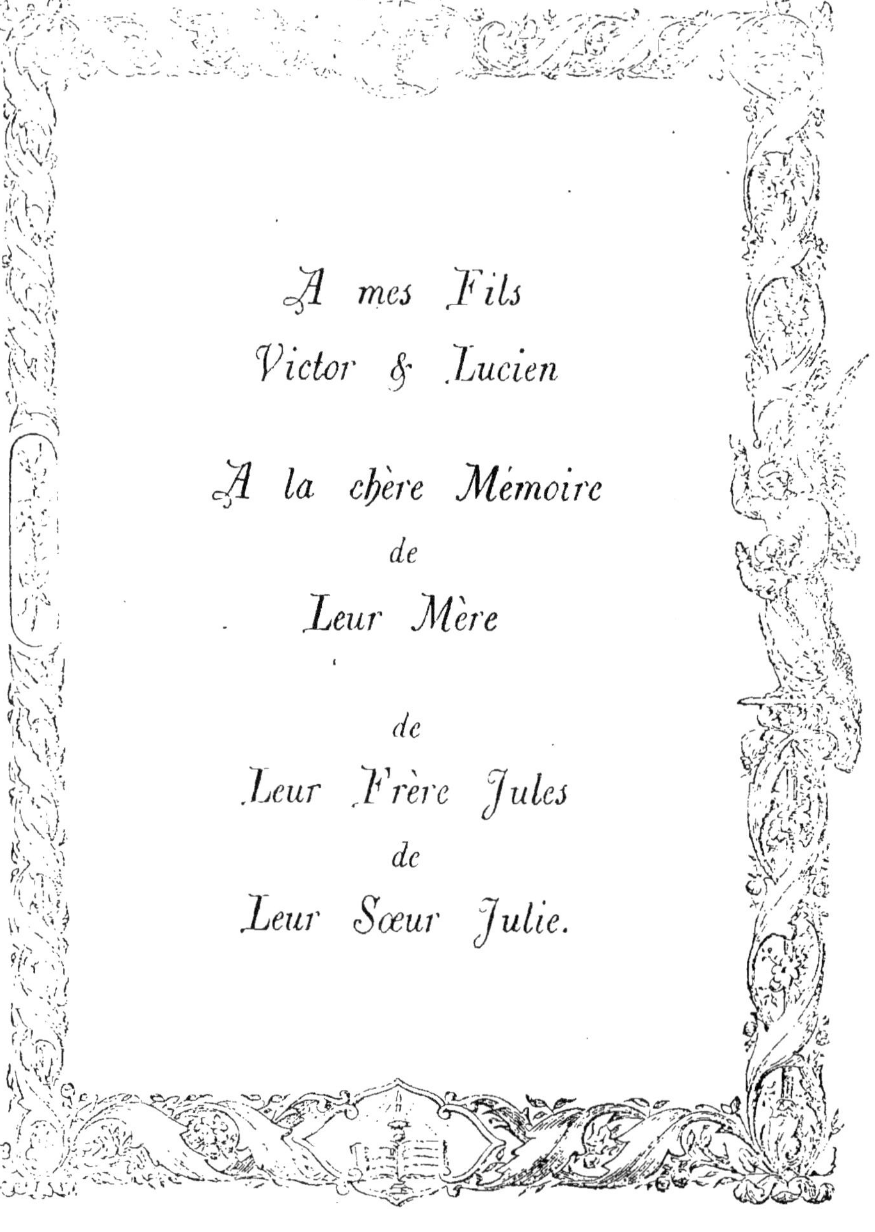

A mes Fils
Victor & Lucien

A la chère Mémoire
de
Leur Mère

de
Leur Frère Jules
de
Leur Sœur Julie.

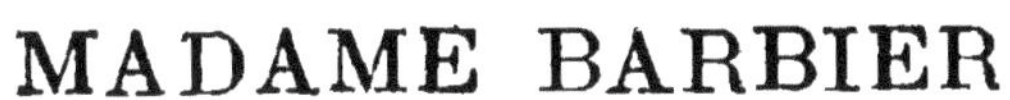

MADAME BARBIER

La vie de l'homme est courte; nous ne faisons que passer sur cette terre, et ne laissons de notre passage qu'une trace aussi peu durable que le sillage du vaisseau, qui traverse l'immensité des mers. Nous passons! et qui se souvient des morts?

Les premiers chrétiens allaient nuitamment recueillir, dans les arènes, les restes pantelants des martyrs. Nous devons à ce noble et courageux dévouement de belles reliques et de sublimes enseignements. Pourquoi ne recueillerions-nous pas quelques souvenirs d'une femme forte, d'une mère chrétienne? pourquoi ne rappellerions-nous pas les principales phases d'une vie sans reproche? Cette vie se-

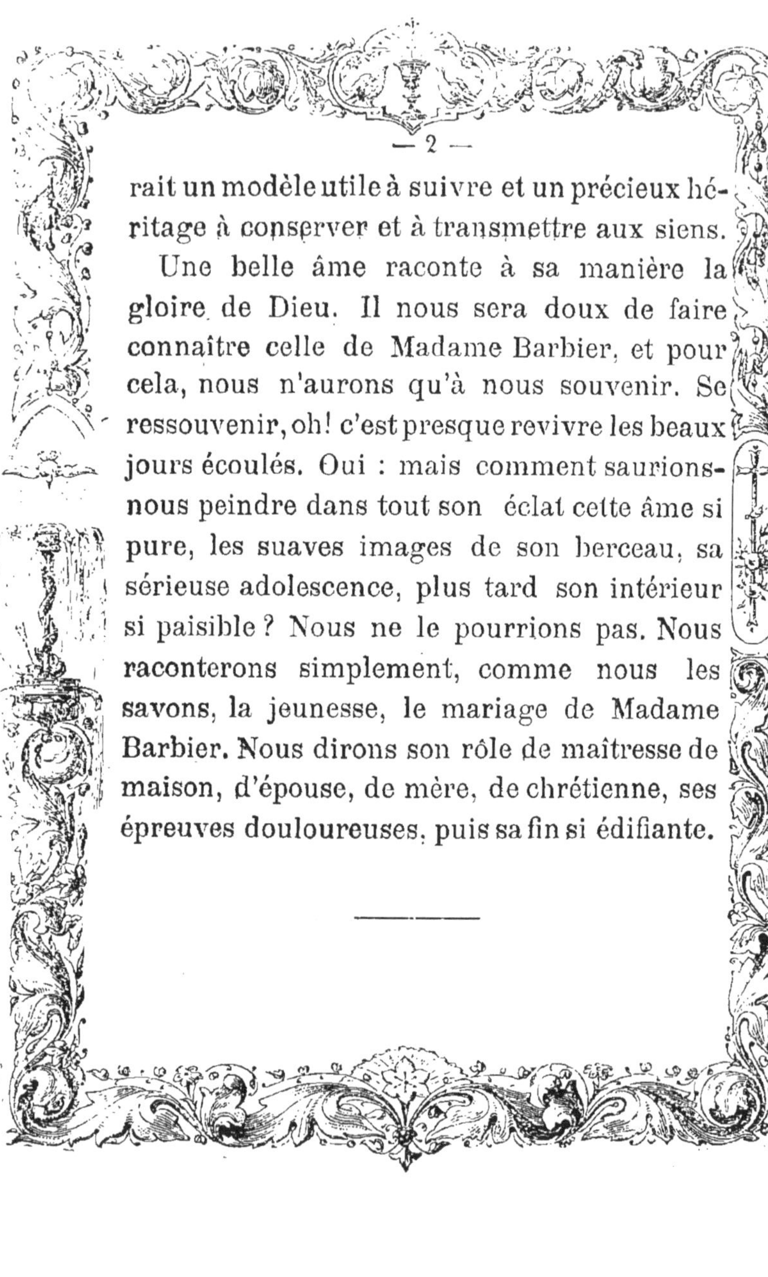

rait un modèle utile à suivre et un précieux héritage à conserver et à transmettre aux siens.

Une belle âme raconte à sa manière la gloire de Dieu. Il nous sera doux de faire connaître celle de Madame Barbier, et pour cela, nous n'aurons qu'à nous souvenir. Se ressouvenir, oh! c'est presque revivre les beaux jours écoulés. Oui : mais comment saurions-nous peindre dans tout son éclat cette âme si pure, les suaves images de son berceau, sa sérieuse adolescence, plus tard son intérieur si paisible ? Nous ne le pourrions pas. Nous raconterons simplement, comme nous les savons, la jeunesse, le mariage de Madame Barbier. Nous dirons son rôle de maîtresse de maison, d'épouse, de mère, de chrétienne, ses épreuves douloureuses, puis sa fin si édifiante.

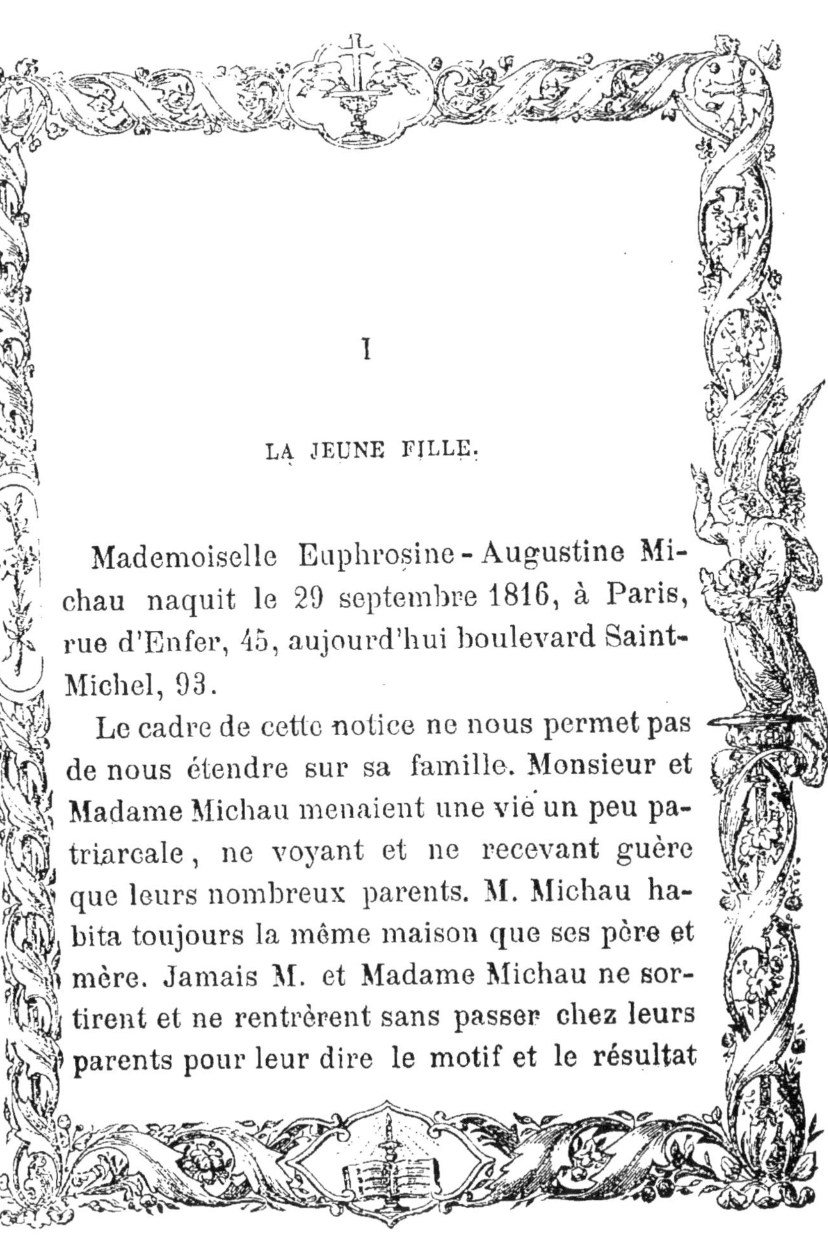

I

LA JEUNE FILLE.

Mademoiselle Euphrosine-Augustine Michau naquit le 29 septembre 1816, à Paris, rue d'Enfer, 45, aujourd'hui boulevard Saint-Michel, 93.

Le cadre de cette notice ne nous permet pas de nous étendre sur sa famille. Monsieur et Madame Michau menaient une vie un peu patriarcale, ne voyant et ne recevant guère que leurs nombreux parents. M. Michau habita toujours la même maison que ses père et mère. Jamais M. et Madame Michau ne sortirent et ne rentrèrent sans passer chez leurs parents pour leur dire le motif et le résultat de leur sortie. M. Michau jouissait d'une très-belle fortune, honorablement acquise dans l'industrie. Il était président d'une chambre syndicale de commerce et membre du conseil des Prud'hommes. Il employait de nombreux ouvriers dont il était autant le père que le maître. Nous ne citerons que deux traits pour montrer l'estime et le respect que lui portaient ses ouvriers.

Nous nous rappellerons toujours cette scène sauvage du sac des Tuileries, le 24 février 1848. Nous passions avec M. Michau, sur le Pont-Neuf, au milieu d'une masse d'ouvriers, qui s'avançaient sur deux rangs vers les Tuileries. A chaque instant, du milieu des rangs, partaient des cris : ***Bonjour, M. Michau!*** Nous nous retournions ; c'étaient des ouvriers qui, la casquette à la main, saluaient M. Michau.

— C'est nous qui sommes les maîtres aujourd'hui.

— Oui, oui, mes amis, mais demain à la besogne!

Nous continuions et recevions le même salut un peu plus loin.

Le second trait nous a été rapporté par un de nos amis, un avocat. Il traversait, une après-midi, les rues de Malakoff. Devant un cabaret se trouvait un groupe nombreux d'ouvriers endimanchés : — *Non, non* — disait l'un d'eux — *on ne travaille pas aujourd'hui : le Père est mort!* — Ces ouvriers revenaient de l'enterrement de M. Michau. Cette oraison funèbre en valait bien une autre!

Voilà quel était le maître. Dans une lettre à son mari, du 1er décembre 1847, Madame Barbier va nous dire quel était le grand-père :
« ... Malgré mon aveuglement maternel, je
« ne puis m'empêcher d'avouer que nos en-
« fants sont bien difficiles à contenter; on
« n'épargne pourtant rien pour cela. Figure-
« toi que, pour le moment, bon papa fait la
« promenade à la Henri IV ; Jules est monté
« sur son dos; Julie suit derrière, le fouet

« en main, en disant : hue ! bon papa..... »

Puis encore, dans une autre lettre, du 23 août 1848 :

« ..... Julie croit sans doute sa réputation « établie ; elle ne se gêne pas le moins du « monde ; elle a cependant quelques bons mo- « ments. Hier soir, par exemple, elle jouait à « la cachette avec bon papa et Jules ; elle était « charmante..... »

Madame Michau, née Dujoncquoy, était une personne d'un très-grand mérite. C'était la maîtresse de maison par excellence. Par son caractère ferme, par sa rare intelligence, elle sut établir dans sa maison cet esprit d'ordre et de respect qui est l'âme et le soutien des familles ; elle s'occupait de tout, veillait à tout et principalement à l'éducation de ses enfants.

Douée de dispositions heureuses, Mademoiselle Michau eut encore le bonheur d'être élevée par cette mère franchement et fonciè-

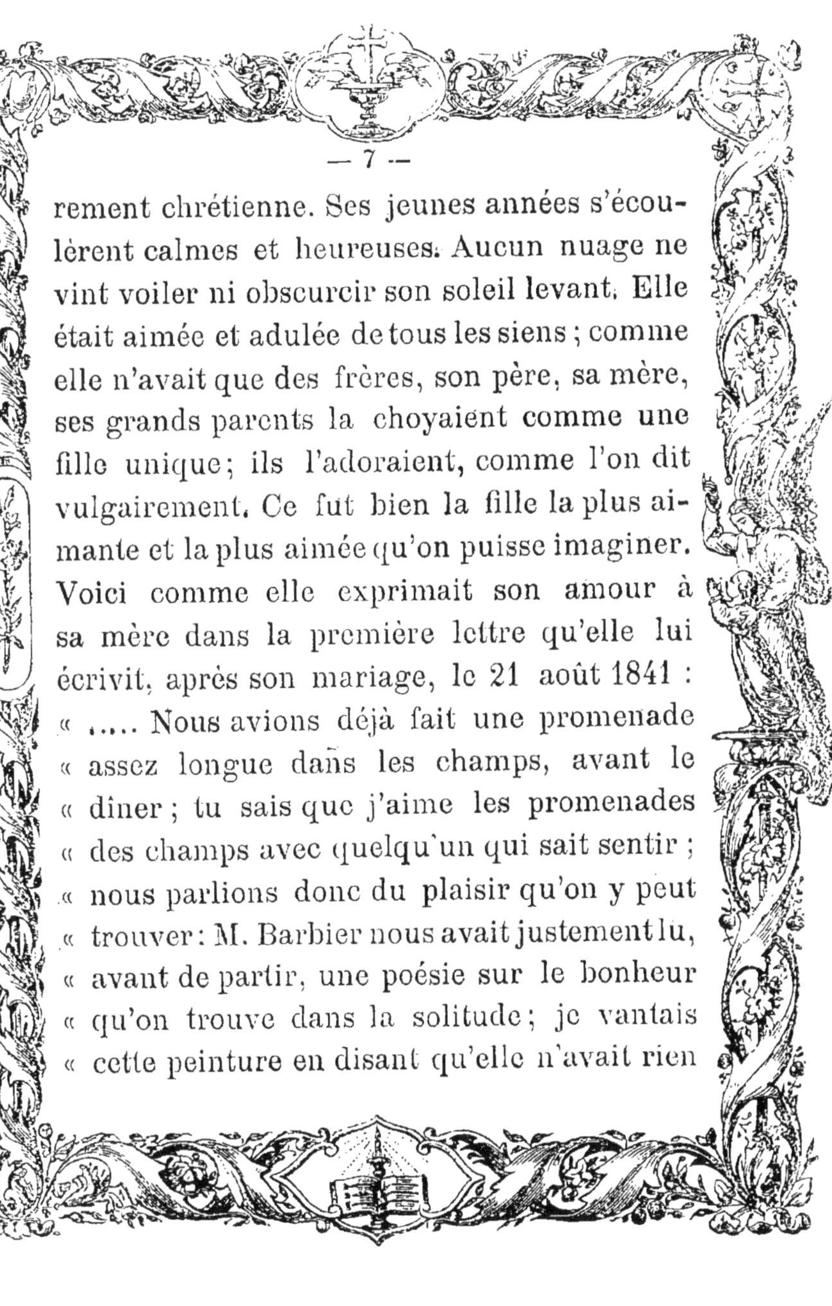

rement chrétienne. Ses jeunes années s'écoulèrent calmes et heureuses. Aucun nuage ne vint voiler ni obscurcir son soleil levant. Elle était aimée et adulée de tous les siens ; comme elle n'avait que des frères, son père, sa mère, ses grands parents la choyaient comme une fille unique ; ils l'adoraient, comme l'on dit vulgairement. Ce fut bien la fille la plus aimante et la plus aimée qu'on puisse imaginer. Voici comme elle exprimait son amour à sa mère dans la première lettre qu'elle lui écrivit, après son mariage, le 21 août 1841 :
« ..... Nous avions déjà fait une promenade
« assez longue dans les champs, avant le
« dîner ; tu sais que j'aime les promenades
« des champs avec quelqu'un qui sait sentir ;
« nous parlions donc du plaisir qu'on y peut
« trouver : M. Barbier nous avait justement lu,
« avant de partir, une poésie sur le bonheur
« qu'on trouve dans la solitude ; je vantais
« cette peinture en disant qu'elle n'avait rien

« d'exagéré.... Ne voilà-t-il pas que Maria (1)
« a été prise d'une belle peur que nous ne
« nous trouvions trop heureux, tout seuls
« ici, et que nous n'allions oublier les au-
« tres! S'il n'y a que cela à craindre, tu es
« tranquille, n'est-ce pas, ma mère chérie? Il
« y a de ces souvenirs qui vous suivent par-
« tout, aussi bien dans le bonheur que dans
« la peine. Non, je ne t'oublierai pas. La place
« qui était vide dans mon cœur était assez
« grande pour qu'elle pût être remplie sans
« empiéter sur les autres; mais surtout, quand
« j'aurais perdu la mémoire de l'univers en-
« tier, il me serait impossible d'avoir conser-
« vé ma faculté de penser sans penser à toi :
« car, n'es-tu pas ma mère, mais ma mère
« dans toute la force du terme, et puis-je n'être
« pas pour toi la fille la plus aimante, tou-
« jours, dans tous les temps comme dans tous

(1) Belle-sœur de Madame Barbier.

« les lieux ?... J'aurais voulu te dire quelque « chose de particulier à l'occasion de ta fête ; « je n'ai pas pu trouver un sentiment plus vif « qu'un autre jour ; je ne t'aime pas plus au- « jourd'hui qu'hier, ma bonne mère, et l'af- « fection que j'ai pour toi n'a pas besoin d'être « réchauffée par un anniversaire ; je t'aime « tous les jours autant qu'on le dit les jours « les plus solennels..... »

L'éducation de Mademoiselle Michau fut très-soignée. On la plaça comme demi-pensionnaire dans une maison dirigée par une pieuse demoiselle. Or, c'est bien là certainement la meilleure manière d'élever les enfants. On passe de la sorte la journée au milieu d'autres élèves, dont la friction assouplit les volontés, adoucit les aspérités de caractère, façonne aux concessions, apprend à se défier un peu de soi-même, à rabattre de ses prétentions et à faire la part de toutes les forces vives, avec lesquelles il faut compter. On fait là, en un mot, l'apprentissage de la vie. En revenant, le soir, à la maison, on se retrempe dans l'esprit de famille. Le foyer paternel est l'abri le plus sûr pour ces pauvres jeunes âmes, si impressionnables; elles trouvent là un solide appui, et la force qui leur est si nécessaire. Tous les maîtres ont la prétention de former l'esprit et de développer l'intelligence; ils n'oublient que l'âme et le cœur : cette tâche est réservée à la bonne mère de famille. Or, Madame Michau mettait toute son âme, tout son cœur à former à son unisson sa fille bien-aimée. Quelle belle tâche, bien remplie par la mère et bien appréciée par la fille! Cette noble enfant exhalait je ne sais quel parfum de vertu, qui lui conciliait le respect même de ses parents.

L'éducation, puisée au foyer paternel, est la seule vraie éducation : rien ne peut remplacer une bonne famille. On ne pense pas auprès de son père, auprès de sa mère, les mêmes

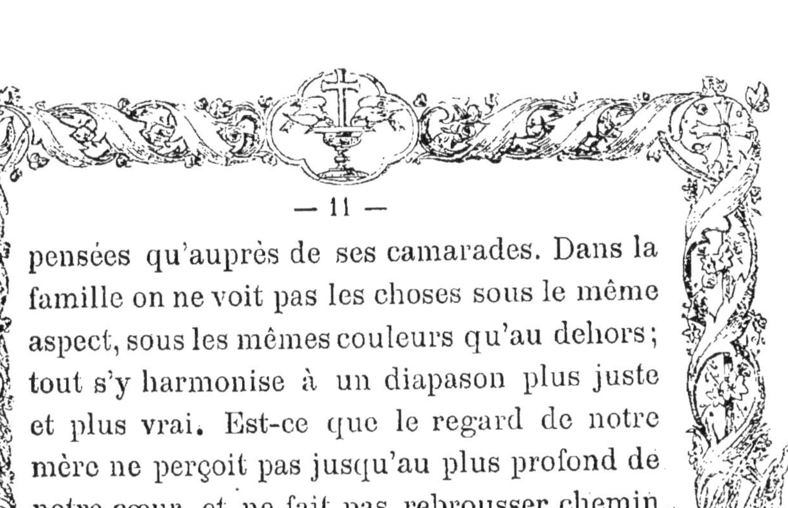

pensées qu'auprès de ses camarades. Dans la famille on ne voit pas les choses sous le même aspect, sous les mêmes couleurs qu'au dehors; tout s'y harmonise à un diapason plus juste et plus vrai. Est-ce que le regard de notre mère ne perçoit pas jusqu'au plus profond de notre cœur, et ne fait pas rebrousser chemin à toutes nos pensées du dehors ?

Il faut une serre chaude aux jeunes plantes délicates. Le foyer paternel est la serre chaude pour les jeunes âmes; c'est lui qui développe le germe de toutes leurs belles qualités, les fait fleurir et leur fait répandre leurs doux parfums.

Plus tard, les parents de Mademoiselle Michau lui donnèrent, à la maison, un bon vieux professeur de style.

Mademoiselle Michau écrivait bien et très-facilement. Son style clair, concis, avait toujours l'expression juste et coulait comme de source. Elle n'usa de son talent que pour une correspondance fréquente avec les siens, surtout avec sa mère qu'elle aimait tant, ou avec son mari à chaque absence. Elle trompait ainsi l'impatience de son cœur par une lettre de tous les jours. O sainte femme, quelles effluves de ton bon cœur tu as ainsi fait couler abondamment sur un papier toujours trop petit et trop vite rempli au gré de tes inspirations! Quelques-unes de ses lettres sont des modèles de style. C'est ainsi qu'elle sut, à l'occasion, faire les remontrances les plus fortes, sans que la charité la plus scrupuleuse en souffrît le moins du monde. Elle disait tout, ne célait rien, sans qu'un seul mot pût blesser ou froisser. On sentait, dans chaque expression, dans le reproche même, le battement de son cœur. Toujours et en toutes circonstances, ses lettres furent ainsi le reflet de sa belle âme. Simple et vraie en tout, en paroles et en actions, elle allait et agissait carrément, sans s'inquiéter d'autre chose que de sa conscience; et c'est là ce qui lui donnait, à son insu, un grand empire : car comment oser blâmer une conduite basée sur les principes rigoureux de l'exacte vérité, et méditée devant une conscience droite ?

Mais, nous anticipons, et passons sur les belles années d'étude, où cette jeune fille montrait une docilité et une assiduité exemplaires.

Mademoiselle Michau garda toujours un précieux souvenir de sa maîtresse de pension. Il n'y avait que la cuisinière à qui elle ne pardonna jamais bien les énormes oignons-qu'elle mettait dans n'importe quel potage, et n'importe quel ragoût. Mademoiselle Michau était obligée de les avaler, elle qui ne pouvait les sentir ! mais la règle l'exigeait ainsi : *dura lex, sed lex!* Ce fut là le seul point noir de ses jeunes années, si bien remplies. Elle en riait bien quand, quelquefois, elle le rappelait si gaiement.

Les années, si courtes pour la vieillesse,

s'écoulent bien lentement et sont bien longues pour la jeunesse. Mademoiselle Michau attendait avidement, et avec une impatience fébrile, le jour de sa première communion ; elle s'y était préparée, de longue main, par une instruction solide et suivie. Nous avons là ses rédactions de catéchisme, faites avec le plus grand soin et une conscience exquise. Enfin, le 5 juin 1828, l'époque tant souhaitée arriva. Ah ! quel beau jour, et quel bonheur ! Quelle joie calme, sincère, profondément sentie ! Quels doux colloques avec son doux Jésus, et quelles promesses saintement tenues tout le reste de sa vie ! Jamais le sang de la divine victime n'empourpra des lèvres virginales plus pures. Non, le divin Sauveur ne prit jamais possession d'un cœur mieux préparé. La veille, Mademoiselle Michau était encore une enfant ; le lendemain c'était une jeune personne sérieuse, avec un plan de conduite bien arrêté.

Nous nous sommes fait une grande violence en résistant au plaisir de transcrire ici le règlement de vie qu'elle se traça alors, et dont jamais elle ne s'est départie. Le cadre de cette notice nous y a fait renoncer. Ces résolutions furent communiquées à son directeur, qui la connaissait si bien, et qui lui écrivit, à ce sujet, une longue lettre, qui y est restée annexée. Il lui disait : « *Vous êtes restée en arrière de vos pensées ; votre cœur a craint de se montrer en entier...* »

Ce règlement est toujours conservé dans la table à ouvrage, où Madame Barbier l'avait placé elle-même pour l'avoir toujours sous la main.

Une âme si belle, un cœur si droit, si pur, une conscience si timorée ne put se défendre du défaut assez naturel à tant de vertus : des scrupules vinrent plus tard la troubler. Mais, un habile directeur en eut facilement raison dans quelques entretiens. C'était une bonne vieille demoiselle qui l'accompagnait (quand elle allait trouver ce prêtre), la bonne demoiselle Joséphine ; elle était véritablement de la famille; c'était une simple couturière, qui avait l'âme plus élevée que son humble position. Elle avait travaillé chez la grand'mère de Madame Barbier, chez sa mère, et plus tard chez Madame Barbier elle-même, jusqu'à ce que le frère aîné de Madame Barbier lui fît une pension à deux conditions : la première, qu'elle en garderait le secret absolu ; la seconde, qu'elle n'irait plus travailler nulle part. C'était une bonne et sainte fille, très-gaie. Madame Barbier aimait beaucoup à causer avec elle ; c'était une véritable amie, qui la tutoyait ; elle l'avait vue naître, et avait pour sa jeune maîtresse la plus grande estime. Comme elle était bien plus âgée qu'elle, un jour elle lui avait fait promettre de venir l'assister. à ses derniers moments, et de lui réciter les prières des agonisants, tant elle avait confiance en sa vertu et en sa sainteté.

Une fois, cette bonne fille arrivait, comme à l'ordinaire, avec Mademoiselle Michau, chez le prêtre dont nous parlions. « *Oh mon Dieu!* dit-il, *vous m'amenez cette excellente Demoiselle; mais, c'est nous, prêtres, qu'on vient ainsi consulter, qui aurions bien plus besoin d'un directeur qu'une âme aussi droite que cette jeune fille.* » C'est Mademoiselle Joséphine elle-même qui nous a raconté le fait.

Mademoiselle Michau fut mise, de très-bonne heure, aux soins du ménage. Sa mère voulait, avant tout, en faire une excellente maîtresse de maison, une bonne mère de famille. Pour savoir commander plus tard, il faut savoir faire soi-même parfaitement la besogne qu'on exigera de ses serviteurs. Madame Michau mit donc sa fille toute à tout. Plus tard, Madame Barbier avouait comme il lui était pénible, et combien il lui en coûtait, le lundi, de faire et de frotter le salon, ce dont, du reste, elle s'acquittait avec conscience et sans jamais se plaindre. Sa mère lui abandonna l'entière direction de deux jeunes frères, dont elle fut une véritable seconde mère, et c'est à leur sujet que, le 15 août 1841, douze jours après son mariage, elle écrivait à son mari, de Paris où elle était retournée : «.. .. Je suis allée à la « messe avec mes enfants, comme à l'ordi« naire, ni plus ni moins qu'auparavant, « comme si je n'étais pas mariée... »

Douce et condescendante, elle préférait tout souffrir plutôt que d'occasionner aux autres la plus légère contrariété. Sa règle de conduite en tout, était une soumission absolue. Elle s'ingéniait à deviner les intentions et les simples désirs de ses parents, afin de s'y conformer. Mais cette jeune fille si douce, si frêle, si prête à faire, en toute chose, abnégation de sa personne et de sa manière de voir, était d'une énergie, d'une fermeté inébranlable, lorsqu'il s'agissait d'un principe. Oh! personne ne lui eût arraché la moindre concession, ni en parole ni en acte; sa pensée alors quittait cette terre, où ne sont que des cendres, pour s'élever au ciel, où sont les âmes, et jamais elle n'hésitait à se prononcer.

Elle avait acquis, touchant le Christianisme, des connaissances variées et profondes, au point qu'elle pouvait en remontrer aux habiles, et détruire facilement les objections les plus subtiles des incroyants.

Naturellement bonne musicienne, Mademoiselle Michau était devenue d'une certaine force sur le piano. Sans doute, il est bon, il est même nécessaire, dans une certaine mesure, de faire étudier la musique aux jeunes personnes; leur rôle est un rôle de douceur et tout d'amour : or, la musique adoucit, harmonise les caractères; elle élève le cœur et l'âme. Mais, après le mariage, la musique est mise au second plan; et encore, hélas! Aussitôt la naissance de son premier fils, Madame Barbier laissa le piano, qui devint à peu près muet. Toutefois, elle avait remarqué que son mari, qui n'était pas grand amateur de musique, prenait un véritable plaisir à entendre deux morceaux. Plus tard, elle ne joua plus que ces deux morceaux quand, quelquefois, dans un moment de loisir, elle voulait se reposer auprès de son mari. Mais alors, quelle expression, quelle âme dans le jeu des dernières pensées de Weber ! Jamais, non jamais le plus habile musicien n'accentua, comme Madame Barbier, ce bel hymne. On sentait vibrer et résonner toutes les fibres de son cœur.

II

MARIAGE.

Douée de tant de qualités, que rehaussait encore, auprès du monde, la belle fortune de son père, Mademoiselle Michau dut être et fut en effet souvent demandée en mariage par de beaux et honorables partis. Quels motifs les lui faisaient refuser? Nous l'ignorons, ne pouvant sonder les profondes délicatesses de son cœur, ni saisir les fines clairvoyances de son esprit. Le fait est que les années s'écoulaient sans qu'elle se décidât. Malgré leur désir de la voir s'établir, ses parents, si bons pour elle, et si sages en ces circonstances, ne cherchèrent jamais à l'influencer; ils appréciaient trop la justesse de son esprit, la gravité de son caractère, pour ne pas respecter ses résolutions. Mademoiselle Michau sut bien apprécier la sagesse de ses parents à cet égard. Elle les en remerciait ainsi, dans une lettre à sa mère du 21 août 1841 :

« ..... Enfin nous sommes chez nous ; c'est « dommage que nos deux chez-nous ne puissent être réunis : mais, je t'en prie, n'y pense « pas trop. Si tu veux que je me trouve aussi « bien que j'y suis réellement, il faut que tu « me dises que tu ne penses pas trop à moi, « ou plutôt que tu n'y penses que pour te réjouir de m'avoir gardée assez longtemps « pour que je puisse aller avec satisfaction, « sans sollicitation, sans morale, là où je devais trouver le genre de bonheur qu'il me « fallait. J'en remercie Dieu, ma bonne mère, « qui a dirigé tous les événements pour les « faire tourner à l'accomplissement de sa « volonté ; j'en remercie toi et papa, qui

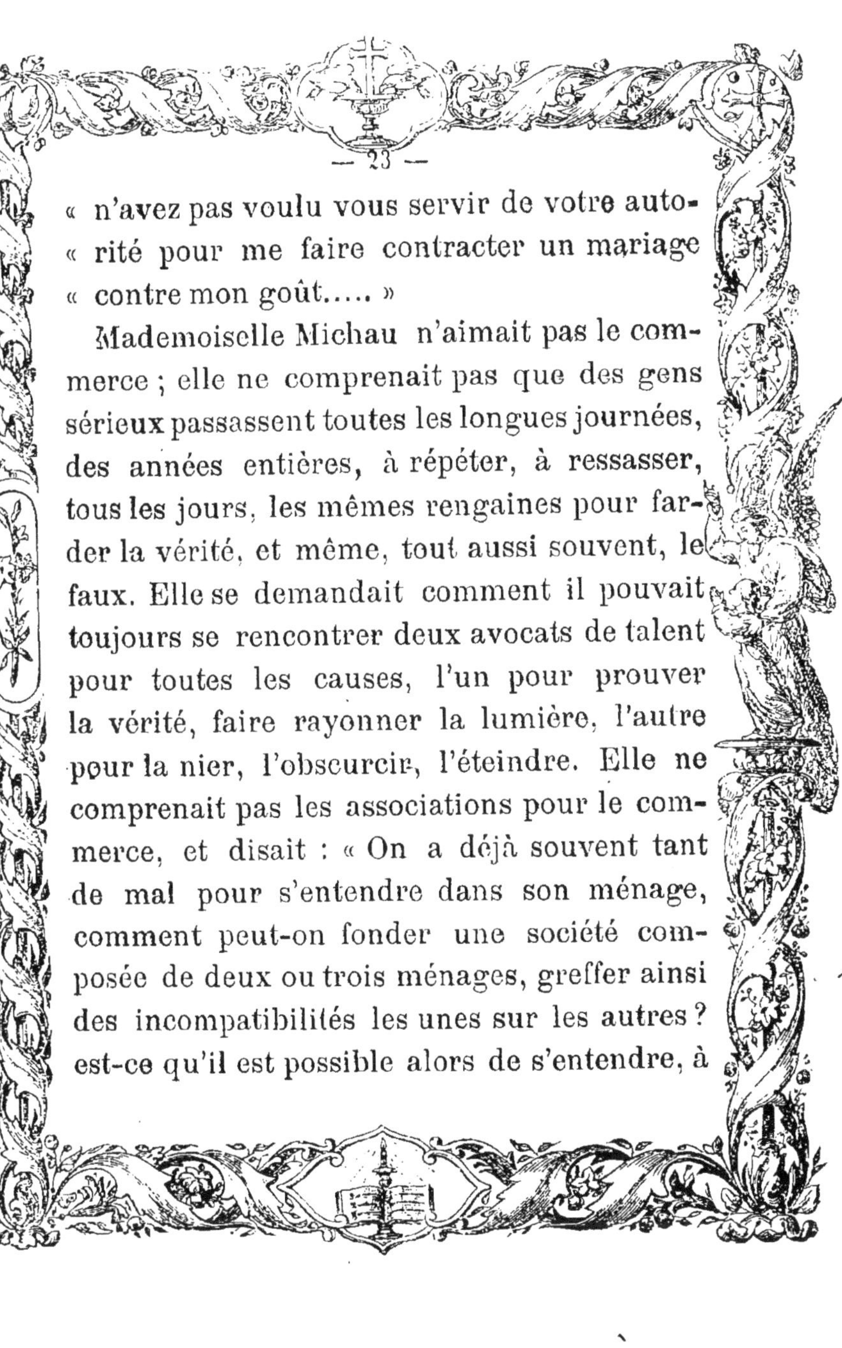

« n'avez pas voulu vous servir de votre auto-
« rité pour me faire contracter un mariage
« contre mon goût..... »

Mademoiselle Michau n'aimait pas le commerce ; elle ne comprenait pas que des gens sérieux passassent toutes les longues journées, des années entières, à répéter, à ressasser, tous les jours, les mêmes rengaines pour farder la vérité, et même, tout aussi souvent, le faux. Elle se demandait comment il pouvait toujours se rencontrer deux avocats de talent pour toutes les causes, l'un pour prouver la vérité, faire rayonner la lumière, l'autre pour la nier, l'obscurcir, l'éteindre. Elle ne comprenait pas les associations pour le commerce, et disait : « On a déjà souvent tant de mal pour s'entendre dans son ménage, comment peut-on fonder une société composée de deux ou trois ménages, greffer ainsi des incompatibilités les unes sur les autres ? est-ce qu'il est possible alors de s'entendre, à moins d'être des saints ? » Elle n'aurait pas accepté pour mari un auteur ; le talent d'écrire lui paraissait trop scabreux ; elle n'aimait pas cette existence qui se concentre dans les fictions ou les abstractions.

Toutes ces circonstances, les jugements qu'elle énonçait sur les genres de vie qui ne lui convenaient pas, son éloignement pour les soirées et les fêtes mondaines, pour le théâtre, et surtout sa profonde et franche piété faisaient dire à ses tantes, à ses cousines qu'elle se ferait religieuse : mais Dieu avait d'autres vues sur elle ; il voulait montrer que, si on l'aime et si on le sert bien dans les cloîtres, on peut tout aussi bien l'aimer et le servir dans un autre milieu, en restant dans le monde. Il destinait cette fervente chrétienne, cette fille douce et soumise à servir de modèle comme épouse et comme mère.

Dans les premiers jours de mai 1841, d'accord avec les parents de Mademoiselle Mi-

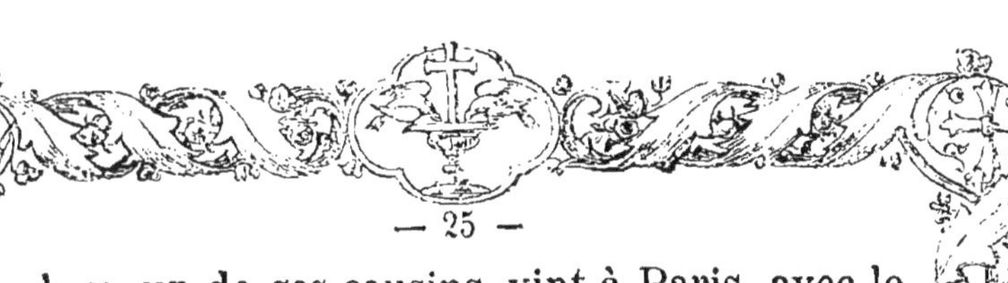

chau, un de ses cousins vint à Paris, avec le notaire d'Angerville, pour présenter celui-ci à la famille, en présence de Mademoiselle Michau, sans qu'elle en fut prévenue.

Le soir, le cousin revint seul dîner dans la famille Michau. Pendant le repas, qui fut gai et animé, le cousin s'adressant à Mademoiselle Michau :

— J'ai fait un pari avec notre parent X. que tu me feras perdre ou gagner.

— Et comment puis-je donc être ainsi l'arbitre souverain d'un pari ?

— Oh ! c'est bien simple : notre parent prétend, qu'un de ces quatre matins, nous allons te perdre et te voir prendre le voile dans quelque couvent ; que c'est là le seul et vrai motif qui t'a fait repousser tous les partis qui se sont présentés. Eh bien ! moi j'ai parié que tu te marierais, lorsqu'il se présenterait un jeune homme assez aimé du ciel pour être de ton goût, et dans le programme que tu t'es tracé.

Demain donc, je repasserai pour avoir ta réponse et la reporter.

— Mais je puis te la donner tout de suite : ton pari est gagné : j'ai bien l'intention de me marier, quand l'occasion que j'attends, et que, par exemple, je puis encore attendre longtemps, se présentera ; mais je me marierai. —

Le lendemain, le notaire d'Angerville se présentait de nouveau, et le 3 août suivant, Mademoiselle Michau était Madame Barbier.

Jamais, en ce monde, aucun ne reçut des mains de Dieu une plus noble créature pour être sa compagne ici-bas. Oh! qu'elle était belle de pureté, de bonté, de grâce! et quand, quelque temps après, son mari écrivait à M. Michau : « Je vous avais demandé une « femme, vous m'avez donné un ange ; jugez « de mon bonheur et de ma reconnaissance ; « elle est sans borne comme mon amour pour « ma bonne Euphrosine ! » c'était là un cri du cœur qui lui échappait : il l'aurait aussi

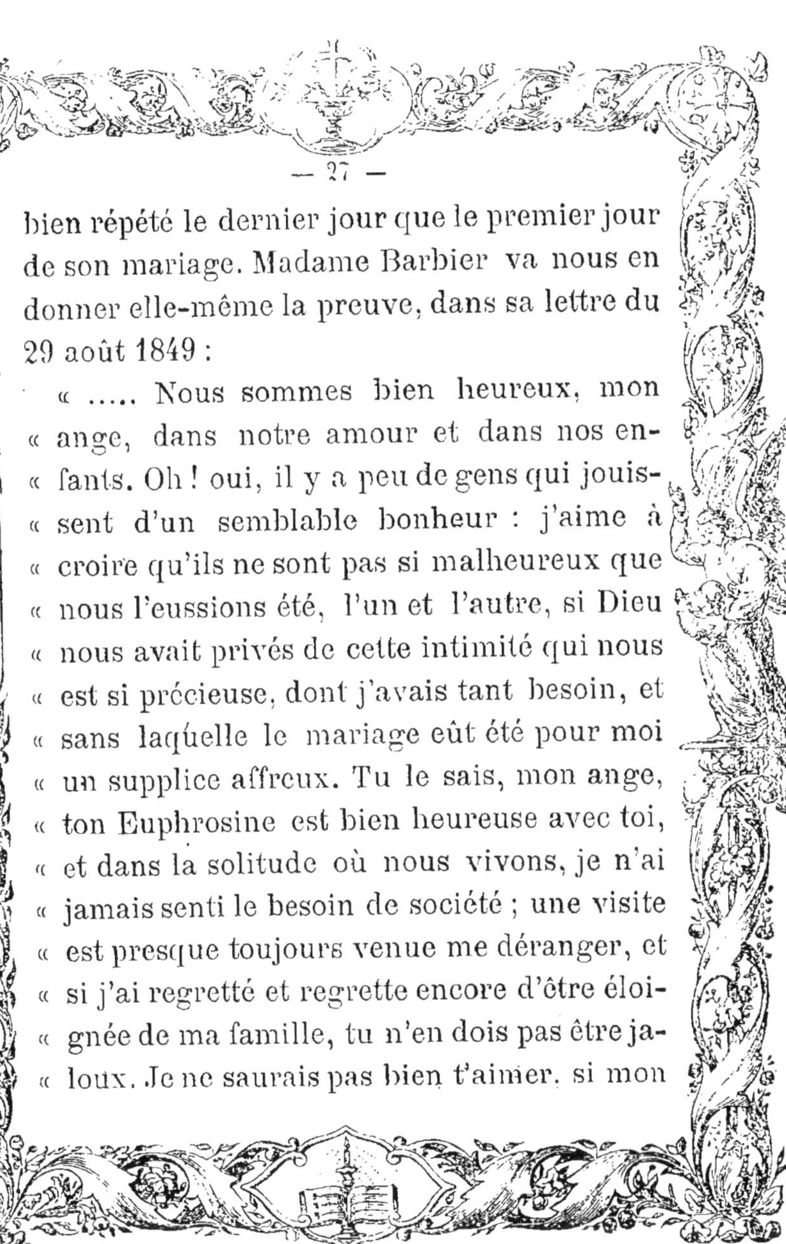

bien répété le dernier jour que le premier jour de son mariage. Madame Barbier va nous en donner elle-même la preuve, dans sa lettre du 29 août 1849 :

« ..... Nous sommes bien heureux, mon
« ange, dans notre amour et dans nos en-
« fants. Oh ! oui, il y a peu de gens qui jouis-
« sent d'un semblable bonheur : j'aime à
« croire qu'ils ne sont pas si malheureux que
« nous l'eussions été, l'un et l'autre, si Dieu
« nous avait privés de cette intimité qui nous
« est si précieuse, dont j'avais tant besoin, et
« sans laquelle le mariage eût été pour moi
« un supplice affreux. Tu le sais, mon ange,
« ton Euphrosine est bien heureuse avec toi,
« et dans la solitude où nous vivons, je n'ai
« jamais senti le besoin de société ; une visite
« est presque toujours venue me déranger, et
« si j'ai regretté et regrette encore d'être éloi-
« gnée de ma famille, tu n'en dois pas être ja-
« loux. Je ne saurais pas bien t'aimer, si mon

« cœur eût été indifférent pendant mon en-
« fance; s'il n'avait connu ni l'amour filial, ni
« l'amour fraternel, n'eût-il pas été indigne
« *de goûter les douceurs de ton amour?.....* »

Madame Barbier s'était-elle tracé un règlement pour la nouvelle vie à deux qu'elle allait vivre, comme elle s'en était tracé un, lors de sa première communion? Cela n'est pas douteux. Pendant les quelques mois, qui précédèrent son mariage, Mademoiselle Michau avait envisagé, dans son for intérieur, tous les devoirs d'épouse, de mère de famille, de maîtresse de maison. C'est ce qu'elle écrivait, le 12 juillet 1841, à M. Barbier :

« ...... Ah! vous aviez bien raison de me
« dire dernièrement que l'on avait besoin, dans
« ces moments-ci, de solitude et de recueille-
« ment; c'est surtout sous le point de vue re-
« ligieux que cela est rigoureusement vrai.
« Que je plains ceux qui ne sentent pas ce
« qu'il y a de grand, de saint, de touchant

« dans un mariage chrétien, et combien la « religion éclaire et grandit l'esprit et le « cœur! Vous le comprenez, vous; c'est ce « qu'il me faut, et je ne crains pas que mon « cœur se soit trompé en se penchant vers le « vôtre... »

Nous n'avons, de ces profondes réflexions, que quelques fragments dans les lettres qu'elle écrivit ainsi à M. Barbier, pendant les deux mois qui précédèrent leur mariage. En voici encore un, pris dans une lettre du 21 juillet 1841 :

« ..... Je voudrais être cette femme dont il « est parlé dans l'Ecriture, qui est heureuse, « parce que le cœur de son mari met sa con- « fiance en elle; qui ouvre sa main à l'indi- « gent, et qui l'étend pour assister le pauvre; « qui ne craint ni le froid ni la neige, parce « que ses domestiques sont bien vêtus; que « son mari loue, enfin, parce qu'elle craint le « Seigneur, et que pour cela seulement elle

« mérite d'être louée. Voilà mon rêve, voilà « le bonheur qu'il me faut; et si je consens à « aller à Angerville, c'est que, tel qu'il est, je « crois l'avoir trouvé là..... »

M. Barbier habitait à dix-huit lieues de Paris; il ne pouvait faire de longues absences; il avait obtenu de Madame Michau la permission d'écrire à sa Demoiselle. Nous avons là les dix lettres que celle-ci lui répondit, avec une grâce et une franchise d'allure dont la source résidait dans la pureté et la droiture de son cœur. Voici comme, le 21 juin 1841, elle écrivait :

« J'ai reçu, ce matin, votre lettre et, vous « l'avouerai-je? je l'attendais; je sentais aussi « qu'il y a des moments, dans la vie, où le « cœur trop plein a besoin de déborder. Ne « croyez pas, cependant, que j'interprête mal « les impressions que vous avez éprouvées; « s'il y a des choses qui se sentent mieux « qu'elles ne se disent, elles se comprennent

« mieux, aussi, qu'elles ne s'entendent, et quel « que soit le motif qui vous ait retenu, je ne « puis que vous en savoir gré.

« Vous dirai-je maintenant ce que j'éprouve ? « Oui, on ne pourrait avoir tort, quand on dit « ce qu'on pense. Eh bien ! quelque flattée « que je puisse être des sentiments que j'ai « pu vous inspirer, mon cœur est effrayé d'a- « voir trouvé ce qu'il cherchait, et quoique « vous vouliez bien m'assurer que l'imagina- « tion n'y a point de part, il me semble que « vous avez besoin de vous calmer, pour en « revenir à un état, qui me permette de croire « qu'il sera durable..... »

Le 27 juillet suivant, six jours avant son mariage, elle rendait compte de l'accomplissement de ses dévotions, qui mettaient le sceau à toutes ses saintes résolutions ; et, comme toujours, on y sent battre le cœur de la fille pour sa bonne mère :

« Ce matin, donc, je me levai de bonne heure,

« et, quoique mes projets eussent été dérangés « hier, je voulus les réaliser ce matin ; au lieu « de quelques jours, je n'eus qu'une demi- « journée à moi ; l'ai-je bien employée ? Dieu « en jugera ; mais toujours j'en avais l'inten- « tion ; je le priai de bon cœur, et je ne le priai « pas que pour moi ; s'il m'exauce, et je l'es- « père, nous serons heureux, comme vous le « dites, parce que nos cœurs, unis d'une affec- « tion pure et sainte, s'uniront aussi pour ai- « mer Celui qui donne le bonheur ; nous se- « rons heureux parce qu'il nous bénira comme « Tobie et Sara *qui pleure et tend de loin ses* « *deux bras à sa mère*, mais qui est heureuse, « car elle a trouvé celui que le Seigneur lui « destinait..... »

Madame Barbier s'est révélée tout entière dans ces lettres. Le style est tout l'homme, a dit Buffon ; or, telle Mademoiselle Michau s'est peinte dans ses lettres, telle toute sa vie s'est montrée Madame Barbier. Sans doute, elle partit heureuse et souriante avec son mari, tout en pleurant sa mère qu'elle quittait. Elle l'aimait tant !

Le lendemain de son mariage, elle ne se crut plus le droit de disposer de rien, dans la maison de ses parents que, la veille, elle dirigeait un peu à sa guise. Pour rien au monde elle n'eût consenti à ne faire qu'un seul et même ménage avec ses parents : son sens droit lui en avait démontré tous les inconvénients. « *Je ne comprends pas*, disait-elle, *qu'on tente encore cette expérience, quand jamais cela n'a réussi. A la moindre petite contrariété qui pourrait surgir entre mes parents et mon mari, quelle serait alors ma position? Pourrais-je ne pas me ranger du côté de mon mari? et alors ma pauvre mère serait mortellement blessée au cœur. Oh! non : chacun chez soi.* »

III

LA MAITRESSE DE MAISON.

La transition de jeune fille à maîtresse de maison fut insensible et toute naturelle pour Madame Barbier. Nous avons dit que Madame Michau l'avait élevée pour en faire une femme de ménage, et non comme ces mères imprudentes, qui élèvent leurs filles comme si le seul rôle qu'elles eussent un jour à remplir, devait être celui d'un beau meuble de salon, chez leur mari. Madame Michau, elle, avait, de longue main, fait de sa fille une maîtresse de maison.

Lorsque Madame Barbier arriva chez elle, à Angerville, vous eussiez cru voir une maî-

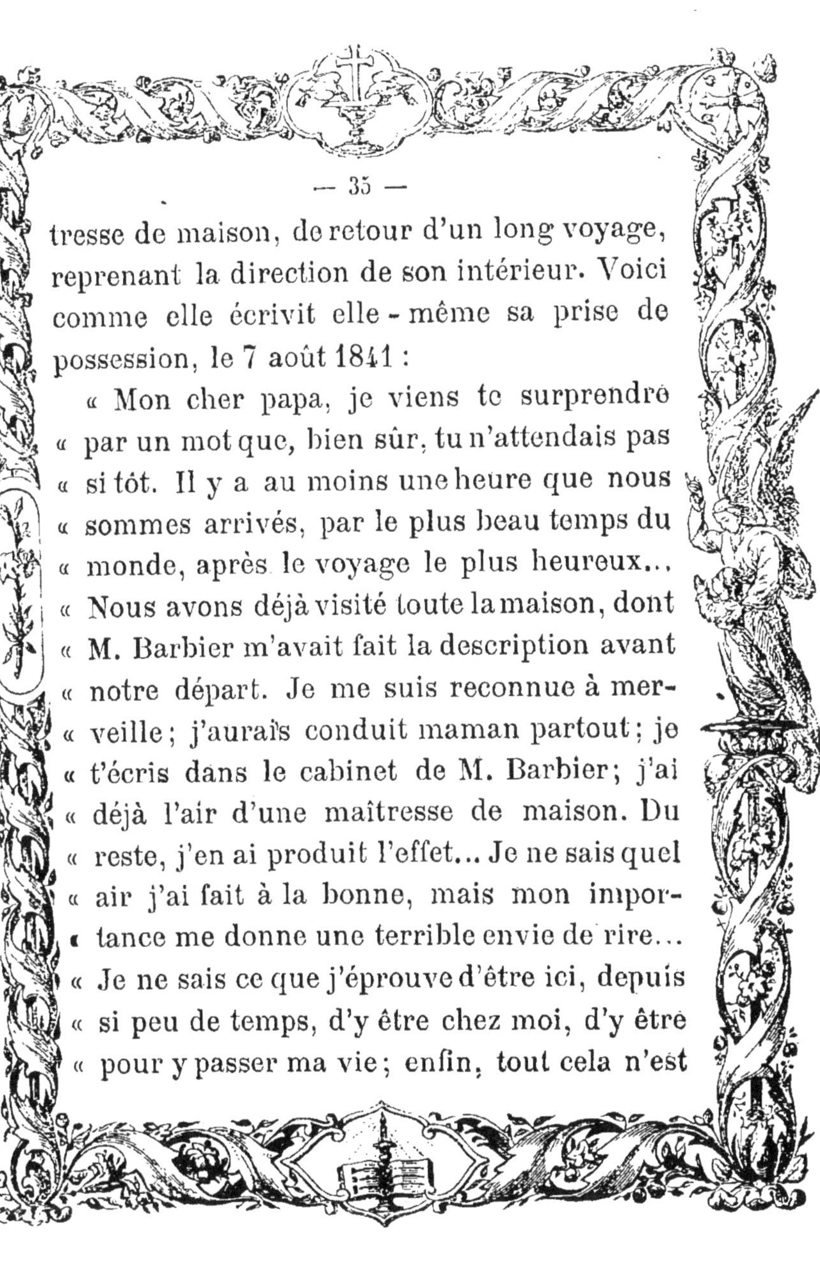

tresse de maison, de retour d'un long voyage, reprenant la direction de son intérieur. Voici comme elle écrivit elle-même sa prise de possession, le 7 août 1841 :

« Mon cher papa, je viens te surprendre « par un mot que, bien sûr, tu n'attendais pas « si tôt. Il y a au moins une heure que nous « sommes arrivés, par le plus beau temps du « monde, après le voyage le plus heureux... « Nous avons déjà visité toute la maison, dont « M. Barbier m'avait fait la description avant « notre départ. Je me suis reconnue à mer- « veille ; j'aurais conduit maman partout ; je « t'écris dans le cabinet de M. Barbier ; j'ai « déjà l'air d'une maîtresse de maison. Du « reste, j'en ai produit l'effet... Je ne sais quel « air j'ai fait à la bonne, mais mon impor- « tance me donne une terrible envie de rire... « Je ne sais ce que j'éprouve d'être ici, depuis « si peu de temps, d'y être chez moi, d'y être « pour y passer ma vie ; enfin, tout cela n'est

« pas si sinistre ; le ciel m'a souri en arrivant, « à ce que dit M. Barbier. J'accepte volon- « tiers cet augure... »

Madame Barbier se rendit de suite compte de tout, mit de l'ordre partout, refit à son usage les livres de dépenses de chaque jour, s'enquit des malheureux ; elle avait destiné sa petite bourse de jeune fille pour en faire une bonne œuvre. Elle ne faisait, au surplus, aucune dépense importante, et ne prenait aucune détermination, sans demander l'avis de son mari, *son seigneur et maître*, comme, en ces circonstances, elle l'appelait en riant.

Le samedi, elle faisait une grande revue à la cuisine, pour s'assurer des moindres provisions, ne voulant pas qu'on achetât rien le saint jour du dimanche. Elle faisait faire, le même jour et pour le même motif, la toilette en grand des meubles, des ustensiles, de toute sa maison. Le pli fut pris dès le premier jour et dura jusqu'au dernier.

C'était un vendredi qu'elle fit sa première entrée chez elle, avec son mari et une partie de leur famille. Ce fut pour elle une joie, un bonheur indicible, en arrivant, de voir que son mari avait ordonné de préparer un dîner maigre : elle se dit alors que son rôle de maîtresse de maison chrétienne lui serait aisé à remplir.

Ainsi, c'était un vendredi que Madame Barbier faisait son entrée chez elle. Ce jour-là lui était bien indifférent. Elle avait même remarqué, avec une certaine satisfaction, que son mari, alors son prétendant, avait fait sa première visite officielle, chez ses parents, un vendredi. Madame Barbier avait des idées larges qui ne donnaient pas la moindre prise à toutes ces superstitions, qui caractérisaient à ses yeux un esprit étroit.

Tous les matins, elle donnait des instructions à sa bonne, et le soir, avant de monter dans sa chambre, elle se faisait rendre compte des dépenses. Quand la mémoire était en défaut : « Cherchez, disait-elle, il manque tant ; demain, quand vous aurez trouvé la dépense oubliée, nous terminerons notre compte. » Elle voulait teujours l'exactitude dans les comptes, non qu'elle eût des doutes sur la probité de la bonne, car alors elle ne l'eût certes pas gardée chez elle ; mais, tout en donnant sa confiance absolue à ceux qui la servaient, elle se rendait compte de tout, et voulait qu'on s'aperçut que sa surveillance s'étendait à tout. C'était là, pour Madame Barbier, une affaire de conscience. « *La plus honnête fille du monde*, disait-elle, *peut un jour avoir une tentation ; si elle sait que je m'en apercevrai infailliblement, elle repoussera la tentation ; si non, et si elle peut compter sur le secret et l'impunité, elle pourrait quelquefois y succomber; et alors*, ajoutait-elle, *ce serait mon défaut de surveillance, qui serait cause de la mauvaise action ; j'en serais dès lors, par cela même, coupable et responsable.* »

Madame Barbier veillait constamment à entretenir le grand ordre qu'elle avait établi dans l'administration de sa maison. Dans son ménage, tout avait sa place, de telle manière qu'elle avait constamment sous la main tous les objets, tous ces petits riens dont on a constamment besoin. Elle rangeait, mettait de côté et étiquetait tous les restants de linge et d'étoffe; car, disait-elle, tout trouve sa place dans un temps donné. Elle faisait de même pour les aliments. Elle s'arrangeait de manière à ce que rien ne fût perdu, et les restes reparaissaient ultérieurement à la table, accommodés d'une autre manière, ou étaient donnés aux pauvres sous une forme appétissante. Elle veillait constamment à ce que ses enfants ne prodiguassent rien, et leur disait à l'occasion : « Ce pain, que vous jetez, pourrait empêcher un malheureux d'avoir faim. » On ne se doute pas pour combien compte une bonne ménagère dans la prospérité d'une maison! comme aussi, par contre, une maîtresse de maison est, par sa négligence, son incurie, son laisser-aller, pour beaucoup dans les désastres de famille.

D'une excessive propreté dans ses vêtements et dans toute sa personne, Madame Barbier apportait le même soin dans tout le rangement de sa maison. Elle estimait, avec raison, à l'égal d'une véritable vertu, la grande propreté chez une femme.

Sa qualité de maîtresse de maison lui faisait un devoir de tenir l'œil ouvert sur tout ce qui se passait chez elle, d'invervenir en tout et pour tout. Toujours la dernière couchée, elle était encore souvent la première levée.

Tout entière à son devoir, elle ne paraissait pas avoir jamais rien vu, rien entendu, rien observé de ce qui se passait en dehors d'elle. Elle ne voulait même pas qu'on lui en parlât : « Cela ne me regarde pas, disait-elle; n'ai-je pas assez de m'intéresser à ce qui me concerne sans m'occuper de ce qui ne me concerne pas, et de ce que font les autres? »

Pour les petits défauts et les défaillances de ceux qui étaient à son service, elle voyait tout: mais, si elle ne jugeait pas convenable de faire une observation, l'on eût cru qu'elle n'avait rien remarqué. Naturellement bonne, elle n'exigeait pas un service rigide : ce n'était pas beaucoup de besogne qu'elle demandait, mais l'emploi de toutes les heures de la journée; elle pensait avec raison que le temps non employé était presque toujours mal employé. Si elle croyait avoir des reproches à faire, elle le faisait brièvement, en accentuant ses observations avec bonté. Quand, par hasard, elle avait un grave reproche à faire, elle prévenait la bonne de venir la trouver, le soir, dans sa chambre, avant le coucher. Alors, avec un ton sévère et plein de dignité, elle commençait par imposer un silence absolu et défense de répondre. Elle exposait ensuite la chose; imposait péremptoirement la réforme : puis elle ajoutait : « Je ne veux ni réponse, ni observation aujourd'hui ; allez vous coucher, et, demain matin, avant le déjeûner, après y avoir réfléchi d'ici là, vous viendrez me dire si vous voulez continuer votre service chez moi. » Ce procédé réussissait toujours. La bonne venait reconnaître son tort. Mais, au lieu de ce procédé, si vous faites des reproches violents, par cela même vous provoquez des réponses sur le même ton, et n'arrivez souvent qu'à une rupture.

Madame Barbier fut toujours servie avec dévouement. Sa bonté la faisait aimer de tous ceux qui l'approchaient. La bonté commande l'attachement, le dévouement, l'affection ; et, nous le répétons, Madame Barbier était foncièrement bonne ; toute l'harmonie de sa physionomie le proclamait, et il suffisait de surprendre le doux regard de sa prunelle, entre ses paupières demi-closes et frangées de longs cils soyeux, pour deviner son cœur et son esprit.

IV

L'ÉPOUSE.

Madame Barbier était une personne modeste, d'un esprit délicat, d'un jugement sûr, d'une discrétion et d'une bonté rares, d'une foi profonde et inébranlable : l'amour débordait de son cœur ; sa voix, d'une douceur angélique, résonnait toute une ineffable harmonie. Son geste était tout un sentiment, et le long regard de ses deux grands yeux noirs toute une caresse. Attentive, en toute circonstance, à être agréable et à faire plaisir, sa charité lui faisait encore prêter de bonnes intentions aux autres. Sa parole était claire et lucide ; il semblait qu'elle eût tout appris, tant

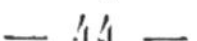

la pureté, l'honnêteté, la probité d'intention lui donnaient de rectitude, de justesse et d'étendue sur toutes choses. Incapable de la moindre dissimulation, elle ne pouvait soupçonner le mensonge chez les autres.

Comme fille, elle était, ainsi que nous l'avons déjà dit, d'une tendresse ineffable pour sa mère ; l'amour qu'elle lui portait était un véritable culte. Une volumineuse correspondance, pieusement conservée, est là pour en donner la mesure. On y sent battre son cœur. On ne peut se figurer le chagrin violent de cette pieuse mère, lorsqu'elle dut se séparer de sa fille lors du mariage de celle-ci, chagrin concentré et tellement violent que, plus tard, cette pauvre mère se le reprochait presque comme un crime, prétendant, lors de la mort de son plus jeune fils, que Dieu l'avait ainsi punie, parce qu'elle n'avait pas accepté, avec assez de résignation, sa sainte volonté, lors du départ de sa fille pour Angerville. Qu'on juge après cela quel doit être le déchirement de cœur et l'amertume du chagrin du mari de Madame Barbier, à qui Dieu a ravi cette ange... !

Épouse, elle s'était dévouée à son mari ; elle était le second ange gardien de ses jours ; elle s'était attachée à ses pas, à sa vie, à son souffle. Ce n'était plus qu'une seule vie à deux.

Madame Barbier s'applaudissait de ne s'être pas mariée jeune, et disait : Que je plains ces pauvres jeunes filles, qu'on marie à seize ou dix-sept ans ! A cet âge, on se forge un roman ; on se crée un idéal de vertus imaginaires dans un mari. On s'imagine qu'un mari doit être tout yeux et tout oreilles pour sa femme, et d'une tension incessante d'esprit, pour toujours l'aduler. A la première brise d'une réalité prosaïque, voilà toutes les chimériques illusions qui s'éparpillent, comme les feuilles d'un arbre au premier souffle d'un ouragan de novembre. Voilà alors les déceptions navrantes ; voilà le malheur, et pourquoi ? Parce que le rêve insensé dépassait la réalité, réalité qui pourtant eut pu faire le bonheur de deux sages existences. C'est bien ce qu'elle exprimait à son mari, dans sa lettre du 4 août 1843 : « Que « de fois je me suis félicitée d'avoir attendu « mon *l'homme*, que j'aimais avant de le connaî- « tre ? Combien de fois, aussi, ai-je rendu grâ- « ces à Dieu de me l'avoir donné si justement, « comme je le désirais, si bien fait pour rem- « plir la grande place qui était vide dans mon « cœur !... »

Jamais il ne fut de ménage plus beau, plus uni, plus heureux. Comment aurait-il pu en être autrement avec le caractère de Madame Barbier, avec sa droiture de cœur, d'esprit, d'intention, et son abnégation? Et comme il est écrit au livre par excellence de Madame Barbier, en l'Imitation : « *Ce n'est pas une grande vertu de vivre avec des personnes douces et paisibles, car cela plaît naturellement à tout le*

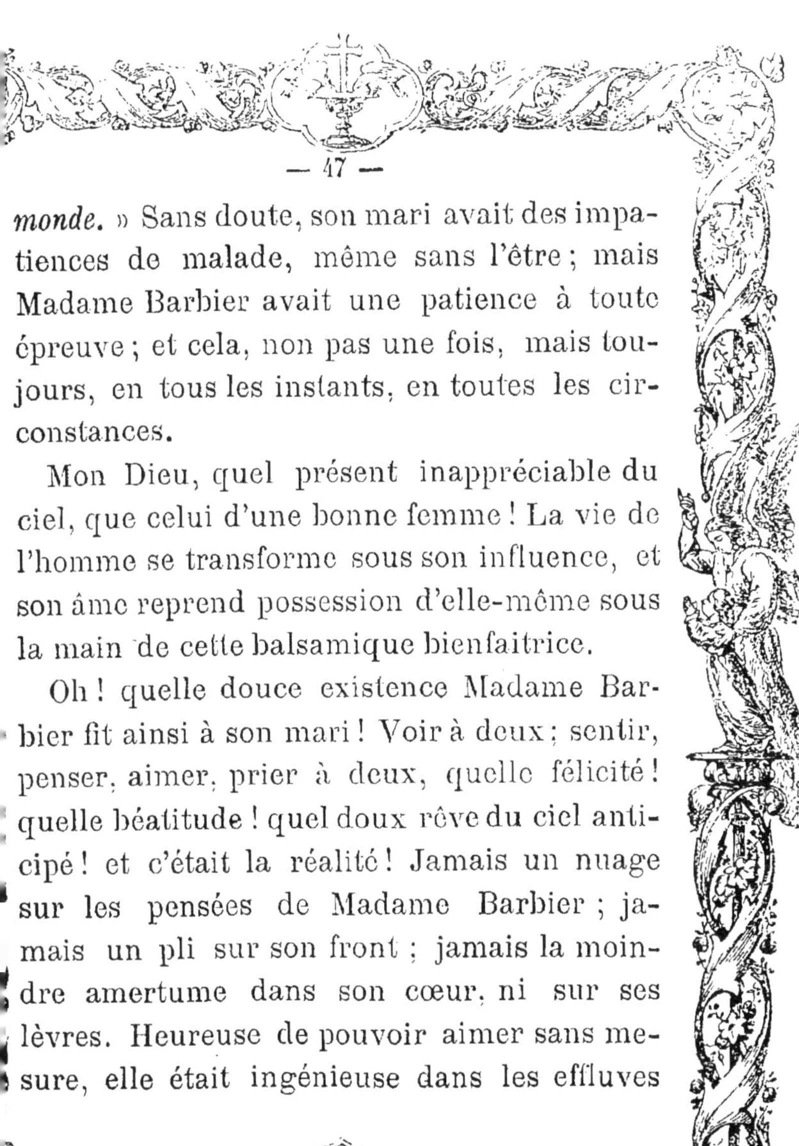

monde. » Sans doute, son mari avait des impatiences de malade, même sans l'être ; mais Madame Barbier avait une patience à toute épreuve ; et cela, non pas une fois, mais toujours, en tous les instants, en toutes les circonstances.

Mon Dieu, quel présent inappréciable du ciel, que celui d'une bonne femme ! La vie de l'homme se transforme sous son influence, et son âme reprend possession d'elle-même sous la main de cette balsamique bienfaitrice.

Oh ! quelle douce existence Madame Barbier fit ainsi à son mari ! Voir à deux ; sentir, penser, aimer, prier à deux, quelle félicité ! quelle béatitude ! quel doux rêve du ciel anticipé ! et c'était la réalité ! Jamais un nuage sur les pensées de Madame Barbier ; jamais un pli sur son front ; jamais la moindre amertume dans son cœur, ni sur ses lèvres. Heureuse de pouvoir aimer sans mesure, elle était ingénieuse dans les effluves de son cœur. Nous avons là toute sa volumineuse correspondance; c'est l'accent de la plus tendre affection, du plus pur amour. Quelle jouissance, quel bonheur de la relire! c'est comme un écho lointain d'une voix qui nous fut chère. Citons au hasard : « Je t'aime, « mon chéri, de penser comme cela à moi, et « de trouver que, sans ta femme, tous les plai- « sirs sont moins doux. Tu as bien raison de « dire que nous sommes encore plus l'un à « l'autre par les liens du cœur, que par ceux « de la loi. Mais, je te l'ai déjà dit, rien ne me « fait plus de plaisir que cette idée : Je t'aime, « c'est à dire, je me laisse aller au sentiment « le plus doux, le plus vif, le plus impérieux, « pour moi : mais, j'ai raison de t'aimer, je « dois t'aimer, et t'aimant plus que tout autre, « je remplis mon devoir. Mon pauvre ami, je « ne comprends rien à ce commandement. « Oh! mon bel ange, si tous les maris te res- « semblaient, il me semble qu'on n'aurait ja-

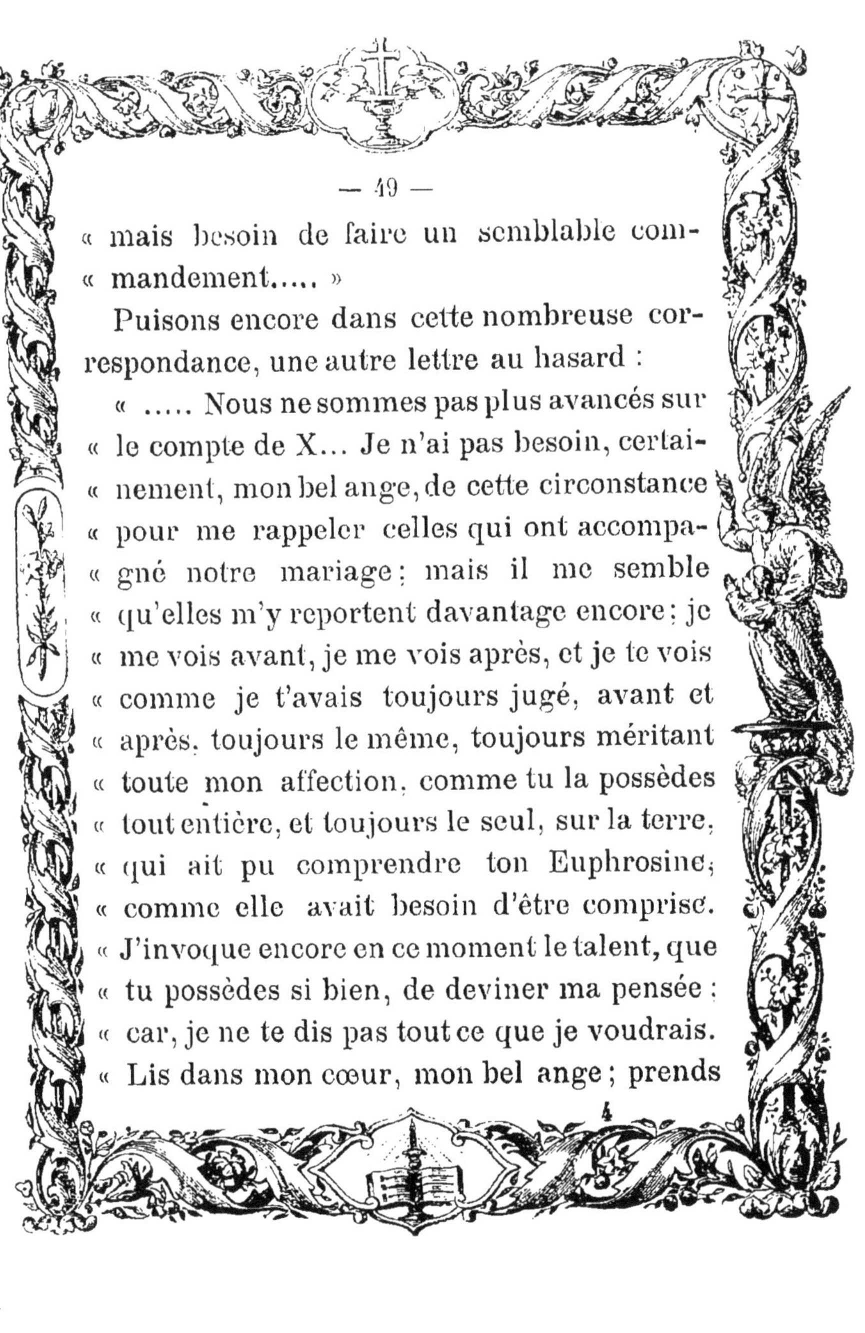

« mais besoin de faire un semblable com-
« mandement..... »

Puisons encore dans cette nombreuse correspondance, une autre lettre au hasard :

« ..... Nous ne sommes pas plus avancés sur
« le compte de X... Je n'ai pas besoin, certai-
« nement, mon bel ange, de cette circonstance
« pour me rappeler celles qui ont accompa-
« gné notre mariage ; mais il me semble
« qu'elles m'y reportent davantage encore ; je
« me vois avant, je me vois après, et je te vois
« comme je t'avais toujours jugé, avant et
« après, toujours le même, toujours méritant
« toute mon affection, comme tu la possèdes
« tout entière, et toujours le seul, sur la terre,
« qui ait pu comprendre ton Euphrosine,
« comme elle avait besoin d'être comprise.
« J'invoque encore en ce moment le talent, que
« tu possèdes si bien, de deviner ma pensée :
« car, je ne te dis pas tout ce que je voudrais.
« Lis dans mon cœur, mon bel ange ; prends

« tout ce qu'il y a de sentiments tendres et « affectueux pour toi ; prends aussi un bon « baiser ; ou plutôt reçois-le ; je te le donne « de bon cœur. »

D'une sensibilité extrême, Madame Barbier se montrait si reconnaissante de la moindre attention, de la moindre prévenance, que l'on éprouvait soi-même un véritable bonheur en cherchant à lui être agréable, tant sa joie était alors expansive et communicative.

D'une patience et d'une sérénité admirables, jamais elle n'interpréta en mal les actions ou le silence de son mari absent. Si son attente était déçue, pour la réception d'une lettre attendue et ardemment désirée, alors son cœur suffoquait ; dans sa plainte vous eussiez cru entendre le doux gémissement de la colombe. Ecoutons plutôt :

« ..... Je ne suis pas contente aujourd'hui, « mon chéri ; et comme tu es pour quelque « chose là-dedans, je viens t'écrire pour me

« consoler, de même qu'à Angerville, quand « cela m'arrive, je n'ai rien de mieux à faire « que de me jeter dans tes bras: oui, mon ange, « ce n'est qu'à toi que je puis dire mon désap- « pointement : car, pour rien au monde, je « n'aurais voulu que personne s'en aperçut. « Figure-toi que je m'étais imaginée que je « recevrais une lettre, et j'avais besoin de cela « pour être heureuse aujourd'hui. Quand le « concierge arrive, maman lui demande si c'est « d'Angerville.— Non, Madame, d'Orléans.— « Et je regarde encore l'adresse, pour être sûre « que ce n'est pas toi qui m'écris ; enfin je ren- « fonce mon idée ; je tâche de me raisonner de « mon mieux, et j'attends à demain. Mainte- « nant, par là-dessus, Madame X!.. Je suis « bien ennuyeuse, n'est-ce pas, de venir te ra- « conter mes ennuis ? Mais je ne pouvais pas « garder ça à moi seule; il faut bien du raison- « nement, bien de la résignation pour me pas- « ser de cetre lettre. Pourquoi ne m'as-tu pas

« écrit, mon ange? Est-ce le temps qui t'a
« manqué, ou bien, tout bonnement, n'avais-
« tu rien à me dire? Que je suis exigeante!
« Pardonne-moi, va; si je ne t'aimais pas,
« je n'y tiendrais pas tant; non je ne t'en
« veux pas du tout; ne te tourmente pas de
« moi; je ne me ferai plus de ces idées-là.
« Quand une lettre arrivera, je la recevrai
« bien; mais s'il ne m'en arrive pas, je me ré-
« signerai; je ne les recevrai plus que comme
« des cadeaux, et non comme une chose qui
« doit m'arriver. Quant à celle de demain,
« par exemple, j'en suis sûre, car, celle-là, il
« me la faut pour savoir ce que tu es devenu,
« depuis que je t'ai quitté... Tu ne m'en veux
« pas de mon chagrin, n'est-ce pas? je suis un
« enfant de deux jours: ce n'est pas un re-
« proche que je te fais: c'est tout bonnement
« une confession, et pour te dire tout, j'ai eu la
« mauvaise pensée de me rappeler qu'à mon
« premier voyage de Paris, ta lettre ne s'était

« pas fait attendre, et pourtant je suis bien « sûre que tu m'aimes autant maintenant... »

Mais, habituellement confiante dans son amour et dans celui de son mari, elle se disait : Demain j'aurai cette lettre qu'un incident a retardée : c'est elle-même qui va nous le dire :

« Je respire, mon chéri ; tu m'as inondée de « bonheur, ce matin ; j'attendais l'heure du « courrier ; je comptais bien sur une lettre, et « cependant, s'il n'y en avait pas eu, il aurait « bien fallu se résigner. Mais deux, au lieu « d'une, juge de ma joie ! Ta lettre de vendredi « n'est arrivée qu'aujourd'hui ; c'est justement « celle-là que j'ouvre la première. Oh ! mon « ange, tu as bien le talent de faire passer « dans mon cœur ce que tu ressens dans le « tien. Moi, il faut que tu me devines ; jamais « je ne saurais te dire ce que j'ai éprouvé ; « mon cœur était serré ; mes yeux se remplissaient de larmes. Oh oui ! cette lettre ne s'a-

« dressait qu'à moi ; mais j'ai bien tout com-
« pris : ne crois pas qu'un mot ait été mis en
« vain..... »

Nous pouvons avancer bien des années plus tard ! c'est toujours le même cœur, la même âme :

« ... Je suis sortie aujourd'hui avec X... et je
« viens de rentrer ; et je te trouve, mon chéri,
« qui m'attends pour épancher dans mon
« cœur toutes les pensées du tien. Oh, quelle
« bonne surprise encore aujourd'hui ! Que tu
« me rends heureuse, que c'est une bonne
« chose qu'un *l'homme* ! Ce n'est pas toi tout
« à fait cependant ; mais c'est presque toi ;
« c'est toi qui as pensé ; c'est ton cœur qui a
« senti ce que ta main a tracé ; c'est moi qui le
« reçois, moi qui suis heureuse de te com-
« prendre et d'être comprise..... »

Malgré le plaisir que nous éprouvons à fouiller dans cette volumineuse correspondance, nous ne pouvons la citer tout entière :

elle peindrait cependant Madame Barbier, et la révélerait aussi bonne, aussi vertueuse qu'elle était, bien mieux que nous ne pouvons le faire.

Madame Barbier ne trouvait de bonheur que dans celui qu'elle procurait aux siens, et dans l'accomplissement exact de tous ses devoirs de fille, d'épouse, de mère. Oh! comme loin du bruit, loin du monde, son mari descendait paisiblement le courant d'une douce existence, auprès de sa chère compagne! Son cœur avait autant d'amour qu'il en pouvait contenir. Douce intimité, où l'on pense tout haut, où souvent les âmes et les cœurs parlent seuls, sans paroles, comme les anges dans le ciel; où l'on devine les plus simples pensées, les ombres mêmes des pensées naissantes! C'est ce que rappelait si bien Madame Barbier, dans sa lettre du 7 août 1860 :

« ..... Dix-neuf ans passent vite, mon ami;
« mais, cependant, comme il se présente du
« changement dans les positions! Je me rap-

« pelle ce premier voyage de Rozoy, que je « fis avec toi, par un si beau temps et une si « belle nuit. Oh ! alors, mes prières n'étaient « que des actions de grâces ; je me trouvais « heureuse d'avoir des devoirs, si faciles à rem- « plir, que leur accomplissement n'était que « l'expression de mes sentiments. T'aimer toi « et tes parents, me sentir sous ta protection et « m'y soumettre, cela n'était pas bien difficile ; « mais qu'il l'est bien plus de gronder Jules, « de sermonner Julie, et comme chacune de « nos actions, faites avec cette pensée terrible « du scandale, ou du bon exemple, devient « importante!.... »

Sans nul doute, Madame Barbier ressentait bien vivement les froissements, les meurtrissures du cœur ; mais sa grandeur d'âme chrétienne lui faisait concentrer en elle-même tout le déplaisir qu'elle en éprouvait, et ne laissait rien soupçonner aux autres. Tout au plus, si son mari avait émis une opinion, ou pris une détermination qu'elle ne jugeait pas bonne, se permettait-elle de lui dire le lendemain, alors qu'il n'était plus question de la chose :

« *Veux-tu me permettre de te faire une observation? Eh bien! je trouve que tu as eu tort hier; cela m'a fait de la peine: moi, j'eusse préféré que....* » etc.

Elle s'exprimait, en ces circonstances, avec une discrétion si désintéressée, que son mari pouvait douter de qui venait l'observation, d'elle, ou de lui-même dans son for intérieur. Pas n'est besoin de dire que sa cause était gagnée et son opinion partagée.

Madame Barbier, disions-nous, était d'une extrême sensibilité; son cœur dévoué et aimant était une véritable sensitive. Sans doute les cœurs aimants et sensibles sont exposés à bien des meurtrissures; mais Madame Barbier était si heureuse par le cœur, qu'elle en acceptait toutes les conséquences; c'est ce qu'elle

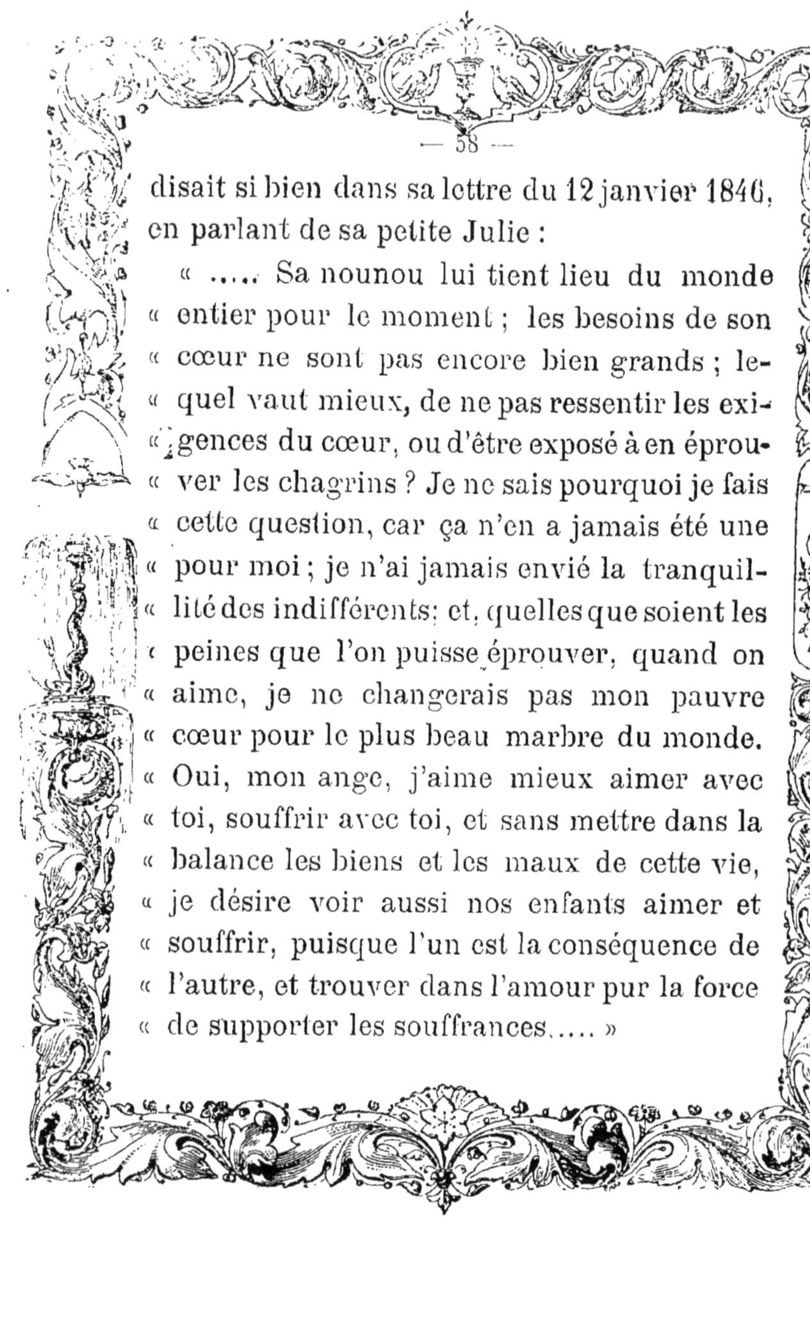

disait si bien dans sa lettre du 12 janvier 1846, en parlant de sa petite Julie :

« ..... Sa nounou lui tient lieu du monde
« entier pour le moment ; les besoins de son
« cœur ne sont pas encore bien grands ; le-
« quel vaut mieux, de ne pas ressentir les exi-
« gences du cœur, ou d'être exposé à en éprou-
« ver les chagrins ? Je ne sais pourquoi je fais
« cette question, car ça n'en a jamais été une
« pour moi ; je n'ai jamais envié la tranquil-
« lité des indifférents ; et, quelles que soient les
« peines que l'on puisse éprouver, quand on
« aime, je ne changerais pas mon pauvre
« cœur pour le plus beau marbre du monde.
« Oui, mon ange, j'aime mieux aimer avec
« toi, souffrir avec toi, et sans mettre dans la
« balance les biens et les maux de cette vie,
« je désire voir aussi nos enfants aimer et
« souffrir, puisque l'un est la conséquence de
« l'autre, et trouver dans l'amour pur la force
« de supporter les souffrances..... »

Parfaitement pénétrée du rôle de l'épouse chrétienne, qui doit être soumise, elle s'y conformait si naturellement que vous eussiez cru, dans tous les projets que formait son mari, dans toutes les décisions qu'il prenait, que l'initiative en venait d'elle-même. D'une condescendance et d'une abnégation à toute épreuve, elle acceptait, comme nous venons de le dire, tous les projets de son mari, et se conformait à tous ses désirs, et si ce dernier s'était trompé, jamais une récrimination ne lui échappait, comme non plus jamais une justification de sa part ; car, une justification est souvent la condamnation de celui à qui elle s'adresse, ou tout au moins une espèce de reproche ; oh ! non jamais ; Madame Barbier aimait mieux garder le silence, et passer outre ; c'est ce qu'elle exprimait si bien dans sa lettre du 28 novembre 1847 :

« ..... Je profite du moment de calme et de « repos, que me donne l'absence de Julie, pour

« venir implorer mon pardon, mon bon ami ;
« j'aime mieux m'avouer coupable, que de
« chercher les motifs d'excuse que je pourrais
« faire valoir, parce que j'ai plus de bonheur
« à recevoir de toi le baiser de réconciliation,
« que de me glorifier avec fierté de mon inno-
« cence..... »

Plus tard, lorsque M. et Madame Barbier allaient passer les hivers à Hyères, à Cannes, à Aix, à Alger, à Rome, à Naples, souvent, épris des beautés luxuriantes de la belle nature, ou de la grandiose majesté des sites, son mari lui disait : Achetons ici une propriété ; tendons et fixons notre tente dans ces parages. — Oh! j'y consens bien volontiers ; l'âme s'élève ici si bien à Dieu — ajoutait-elle ; et c'est ce qu'elle écrivait elle-même, le 25 juin 1847 :

« ..... Tu sais que, quelle que soit notre de-
« meure, ton Euphrosine sera toujours heu-
« reuse avec toi, parce que toujours elle aura,
« près d'elle, tous les plus grands éléments de

« bonheur qu'il nous soit donné de trouver « ici-bas, et que Dieu m'a donnés avec lar- « gesse..... »

Dès lors qu'elle trouvait à sa portée une église, pour y aller répandre son cœur, implorer le Dieu de miséricorde pour elle et les siens, Madame Barbier se trouvait bien partout, auprès de son mari : et c'est dans ce sens que, dès avant son mariage, elle écrivait à M. Barbier, le 12 juillet 1841 :

« ...... C'est aujourd'hui dimanche ; vous « le passerez donc à Angerville, et vous ne « sauriez prier si loin de moi ! mais ne savez- « vous pas que la prière, c'est aussi bien le « soupir du cœur que l'accent de la joie? c'est « un besoin de tous, dans toutes les positions « de la vie. Qui peut être malheureux sans « prier ? qui pourrait supporter le bonheur « sans remercier Celui qui le donne? La « prière, c'est le lien entre le ciel et la terre, « c'est le rapprochement des distances, c'est

« la respiration de l'homme..... Un voyageur
« seul, isolé, loin de sa patrie, s'il vient à
« trouver un autel, un sacrifice, un peuple
« qui prie, il se croit presque chez lui ; à la
« même heure, peut-être à la même minute,
« des bouches amies s'ouvrent pour dire les
« mêmes prières, demander les mêmes cho-
« ses..... »

Cette chrétienne, que rien au monde n'aurait pu faire dévier, qui n'aurait jamais consenti à trahir sa foi par le moindre mot, ou même par un silence qu'on aurait pu mal interpréter, était d'une abnégation complète pour tout ce qui la concernait. Généralement, elle se rangeait à l'avis de son mari. Si, par hasard, elle émettait une opinion personnelle, qui n'était pas partagée, il semblait alors, à la voir, que l'opinion de son mari avait toujours été la sienne; et cela, ce n'était pas une fois, un jour; ce fut sa constante habitude, depuis le premier jour de son mariage ; mais, que dis-je, le premier jour de son mariage? c'est ainsi que, dès avant son mariage, M. Barbier avait prié Madame et Mademoiselle Michau de l'accompagner pour choisir les papiers de tenture pour toute sa maison. Naturellement, il laissa le choix à ces dames ; toutefois il s'était laissé aller à se prononcer pour un affreux papier, qu'il destinait à une pièce. Ledit papier fut adopté sans la moindre objection. Mais, lorsqu'il s'agît de le faire poser, M. Barbier écrivit qu'il avait changé d'avis pour le papier de son choix, et le 22 juillet 1841, Mademoiselle Michau lui répondait :

« Je viens vous faire mon sincère compli-
« ment pour les changements que vous avez
« faits, dans le choix des papiers. Pour parler
« franchement, je n'avais pas une affection
« aussi grande que vous pour le coutil vert :
« mais cela m'amusait tellement de vous voir
« une opinion fixe, pour cette chambre, que
« je n'aurais voulu, pour rien au monde,

« vous priver d'une aussi grande satisfac-
« tion..... »

Madame Barbier s'est peinte dans cette lettre de Mademoiselle Michau. Toujours, dans la suite, elle agit de la sorte constamment avec son mari, cherchant avant tout à lui être agréable, et à éviter tout ce qui pouvait seulement ne pas lui plaire. C'est ainsi qu'un jour, ce dernier n'ayant pas trouvé de son goût une nouvelle robe de prix, plus jamais elle ne la mit, et elle lui demanda de la donner à une nièce à lui qu'elle affectionnait. Tout fut ainsi pour le mieux. Nous pourrions rappeler une foule de traits du même genre ; n'en citons plus qu'un : Un jour, le peintre était venu travailler dans son salon ; elle trouvait que la salle à manger réclamait aussi le pinceau ; mais la chose n'avait pas été prévue avant le départ de son mari, et le 26 août 1847, elle lui écrivait :

« ..... Le peintre a mis une couche au sa-

« lon. Si j'avais eu ta procuration, j'aurais « fait faire quelque chose dans la salle à « manger ; mais, en femme soumise, j'attends « ton avis... »

Son mari la laissait certainement bien libre de faire et ordonner comme elle l'entendait : mais, crainte de ne pas avoir en toute circonstance l'entière approbation de ce dernier, elle aimait mieux s'abstenir ou surseoir. Son sens droit, sa profonde délicatesse et la clairvoyance de son cœur lui faisaient voir, ou plutôt, deviner que les grandes blessures de cœur viennent primitivement d'incessants petits coups d'épingles presque insensibles, et que les grandes catastrophes conjugales ont leur première origine dans ces petits mal-entendus qui, d'abord, semblent passer inaperçus, et finissent par prendre à la longue une consistance désastreuse. Tel, souvent, l'on aperçoit à l'horizon un petit point noir, presque insensible, s'étendre petit à petit, grossir, puis éclater en un ouragan terrible et jeter partout l'épouvante et la stupéfaction.

Nous avons dit qu'un habile directeur avait dissipé les scrupules qui avaient surgi dans l'âme virginale dont nous parlons. Lors de son premier voyage à Paris, après son mariage, Madame Barbier avait prié son mari de la conduire chez ce prêtre, et lui, ensuite, était allé faire différentes courses : c'était le jour de leur retour à Angerville ; le soir, en route, étant seuls dans un compartiment de la diligence (le chemin de fer n'existait pas) son mari lui exprima son regret de l'avoir ainsi conduite lui-même, lui manifestant tout le déplaisir qu'après coup il en avait éprouvé. Cette pauvre jeune femme se mit à pleurer toutes les larmes de ses yeux d'avoir pu causer un déplaisir à son mari ; jamais plus elle ne retourna chez ce directeur ; jamais plus même elle n'en parla dans la suite à son mari ; la délicatesse de son tact lui avait de suite irrévo-

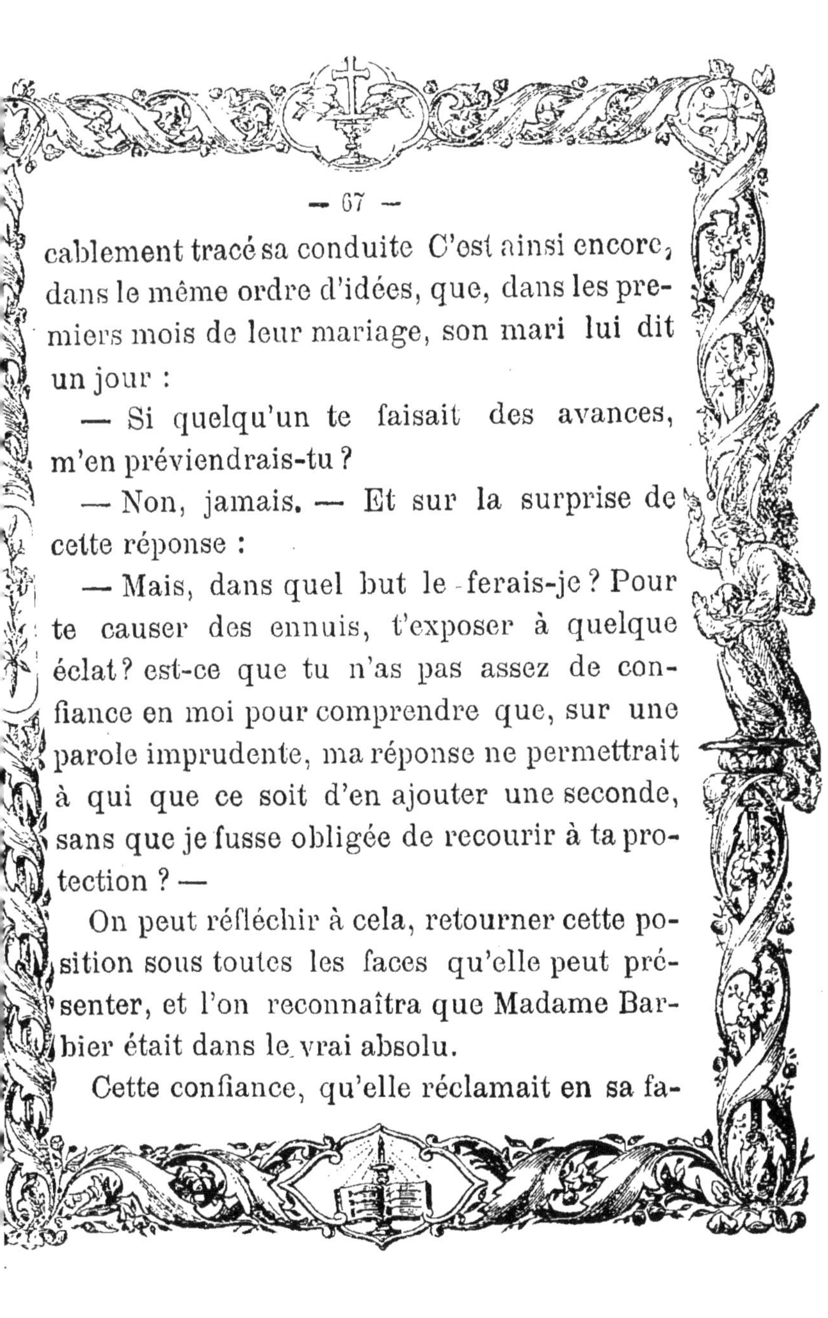

cablement tracé sa conduite C'est ainsi encore, dans le même ordre d'idées, que, dans les premiers mois de leur mariage, son mari lui dit un jour :

— Si quelqu'un te faisait des avances, m'en préviendrais-tu ?

— Non, jamais. — Et sur la surprise de cette réponse :

— Mais, dans quel but le ferais-je ? Pour te causer des ennuis, t'exposer à quelque éclat ? est-ce que tu n'as pas assez de confiance en moi pour comprendre que, sur une parole imprudente, ma réponse ne permettrait à qui que ce soit d'en ajouter une seconde, sans que je fusse obligée de recourir à ta protection ? —

On peut réfléchir à cela, retourner cette position sous toutes les faces qu'elle peut présenter, et l'on reconnaîtra que Madame Barbier était dans le vrai absolu.

Cette confiance, qu'elle réclamait en sa faveur, elle l'avait de son côté donnée illimitée à son mari, même dès avant son mariage, et le lui écrivait le 21 juin 1841 :

« Je n'ai pas senti, dites-vous, ce qui par-« tait du cœur ! Oh ! si vous saviez comme ce « mot-là est perçant : mais que suis-je donc « capable de sentir alors ? et ne serai-je pas « malheureusement organisée *si je pouvais « supposer que vos lettres partissent d'une autre « source*? Non, Monsieur, la défiance n'est pas « dans mon caractère ; elle me paraît inju-« rieuse envers tous et, je ne crains pas de le « dire, *indigne de nous deux*. Ne suis-je pas « bien pardonnable d'avoir craint que votre « imagination, aidée du récit qu'ont pu « vous faire de moi des personnes qui m'af-« fectionnent dès l'enfance, ne vous fît voir « des qualités imaginaires, et d'avoir été « effrayée du fardeau d'une grande répu-« tation plus difficile à supporter qu'à éta-« blir?.... »

Jamais, dans aucune circonstance, cette confiance ne s'est démentie; Madame Barbier savait son mari vrai; jamais il ne lui serait venu à l'esprit de mettre en doute ce qu'il lui disait : une affirmation consciencieuse de sa part résolvait de suite ses doutes, assurait sa croyance, et sa règle de conduite était tout aussitôt arrêtée ; malheureusement, nous ne pouvons entrer dans aucun de ces détails intimes.

Sa constante préoccupation était de plaire à son mari ; c'est ainsi qu'en 1847, elle écrivait à sa mère un accident qui lui était arrivé (une dent cassée) : « *Ce n'est rien*, ajoutait-elle, *mon mari m'aime tout de même* ! »

Sa sollicitude était aussi constamment éveillée, pour obvier à tout ce qui aurait pu causer à son mari tant soit peu de déplaisir, même la moindre déception, et ce n'est qu'en ces circonstances qu'elle se décidait à se justifier contre toute mauvaise interprétation de sa conduite; et c'est ce qu'elle fait dans sa lettre du 9 août 1845 :

« Je regrette comme toi, mon chéri, que « les lettres soient si longtemps en route. « Cette longueur est cause qu'aujourd'hui, « après huit jours d'absence, je reçois seule- « ment ta seconde lettre, où tu te plains de « n'avoir eu encore qu'un mot en courant de « ton Euphrosine. Oh! je ne suis pas coupable, « mon cher trésor, et, si je l'étais, combien ce « petit reproche me ferait de peine, puisque, « malgré la justification intérieure que « j'éprouve, et que tu me donnes même en cet « instant, je l'espère, je ne laisse pas cepen- « dant de le sentir, et de sentir surtout com- « bien tu as dû souffrir, si tu as pu penser un « instant qu'il y avait de ma part tant soit peu « d'indifférence. Oh ! ne sois pas jaloux, mon « chéri, de la manière dont j'emploie mon « temps, car je suis toujours avec toi ; quand « je n'en parle pas, j'y pense..... »

Supportant avec la plus grande résignation ce qui lui arrivait de la part des autres, elle se serait montrée susceptible pour tout ce qui touchait à son mari. Elle le respectait et le voulait respecté des autres. Elle s'était donnée tout entière à lui, avec la ferme résolution de faire, en tout, abnégation de sa propre volonté, et de sa manière de voir, pour n'avoir d'autre volonté que celle de son mari, et ne voir que par ses yeux.

M. Barbier avait fait deux parts de son temps : la journée pour les affaires dans son étude ; toutes ses soirées réservées à Madame Barbier ; ils les passèrent toujours toutes ensemble. Jamais ils n'allèrent une seule fois au théâtre ; c'eût été un temps trop précieux dérobé à leurs si douces soirées d'intérieur. Les grandes joies, le bonheur de Madame Barbier étaient de passer ainsi ses soirées seule à seul. Oh! quels doux et trop courts entretiens, qui duraient pourtant souvent jusqu'après minuit ! Madame Barbier s'occupait alors de travaux d'aiguille. Quelquefois, M. Barbier lui lisait quelques passages d'ouvrages qu'il savait devoir l'interesser. Ah ! comme elle se complaisait à ces beaux sentiments, à ces belles théories, à ces belles aspirations échappées à de nobles cœurs et confiées au papier ! M. Barbier lui lisait alors les *Confidences* de Lamartine. Quelquefois sur certains passages : — Quel dommage ! disait-elle, une si belle âme! — M. Barbier lui lut aussi les *Soirées de Saint-Pétersbourg*, pendant une partie d'un hiver : elle les avait déjà lues autrefois; elle les dégusta de nouveau, pour ainsi dire, à petites gorgées. Oh ! quel intérêt elle prenait à ces lectures, bien souvent interrompues par de longues réflexions ! Elle était enthousiaste des *Méditations* et des *Elévations* de Bossuet. Elle n'aurait jamais voulu lire un roman, et disait : « *A quoi bon s'occuper de malsaines fictions lorsqu'il y a tant de bonnes choses à lire?* » Elle avait peu lu; mais comme elle possédait ce qu'elle avait lu, et comme elle était redoutable par la puissance de la logique, quand elle était obligée de se prononcer!

Elle avait instinctivement toutes les grandes vertus civiques et morales. Elle ne comprenait pas qu'un Français pût changer de nationalité, comme un de ses parents l'avait fait.

En tout, elle avait l'instinct du beau, du bon, du vrai : jamais elle n'eût voulu acheter le bon marché; elle le trouvait trop défectueux, et avec toute la simplicité qu'elle avait dans sa mise, elle ne portait que de belles étoffes et bien ajustées.

Les grands événements de cette belle existence consistaient en quatre voyages, de fondation, à Paris tous les ans; et comme les occupations de son mari le rappelaient à Angerville, pendant l'intervalle de son séjour, et le forçaient de laisser Madame Barbier au sein de sa famille, il appelait ces quatre voyages *ses grands Quatre-Temps.* Nous devons à ces absences la plupart des bonnes lettres de Madame Barbier. Un autre événement considérable, pour Madame Barbier, c'était encore, pendant les vacances, un voyage dans la famille de son mari, qui était devenue sa propre famille. Elle aimait les parents de son mari comme les siens propres : et certes ceux-ci, qui avaient appris à la connaître, le lui rendaient bien avec usure, et savaient l'apprécier comme elle le méritait.

Madame Barbier nous le dit elle même, dans une lettre du 9 août 1845, dont nous avons déjà cité un fragment plus haut :

« ..... Répète bien à papa Barbier combien
« j'apprécie et je sens toute l'affection qu'il
« me témoigne; combien je regrette, en regar-
« dant mon Jules, de n'avoir pu le lui conduire.
« Fais bien mes amitiés à ma sœur Eugénie,
« à son mari; ils sont bien bons de penser à
« moi, d'en parler et d'y trouver un autre plai-

« sir que celui de t'être agréable ; je te charge « d'en exprimer ma reconnaissance à ceux « qui t'entourent, mon chéri, pour toutes les « amitiés qu'on n'a cessé de me témoigner « depuis que j'ai le bonheur de faire partie de « la famille..... »

Madame Barbier avait beaucoup promis, au pied de l'autel, en se donnant à son mari, elle tint et donna beaucoup plus encore : aussi sut-elle lui inspirer, comme à tous ceux qui l'entouraient, l'amour le plus profond. Basé seulement sur la jeunesse et sur la beauté, l'amour suit nécessairement le cours de la jeunesse et de la beauté, qui tous les jours passent et s'effacent. Mais, basé sur la vertu, sur les vrais mérites et sur la beauté de l'âme et du cœur, l'amour qu'avait ainsi inspiré Madame Barbier en suivait aussi le cours toujours croissant. L'âme et le cœur n'ont pas d'âge, et cet amour, semblable à ces feux alimentés par une lumière indéfectible, qui brillent au plus haut du firmament, ne produisait ni cendre ni scorie.

Laissons encore parler Madame Barbier, qui saura nous exprimer cela mieux que nous ne savons le faire :

« Tu viens de me rendre bien heureuse, « mon bon chéri ; tu m'aimes et tu m'aimeras « toujours, et quoique mes yeux aient déjà « lu bien des fois cette parole, que mes oreil- « les l'aient entendue et que mon cœur sur- « tout l'ait sentie vivement, et qu'elle l'ait fait « battre plus intimement pour toi, elle m'ap- « paraît aussi jeune, aussi nouvelle, aussi « pleine de séve, que si, pour la première fois, « j'avais le bonheur de l'entendre : c'est que, « sur cette terre, mon pauvre ange, tout vieil- « lit, tout passe, tout s'use, mais qu'heureu- « sement l'amour demeure ; et si je ne crai- « gnais de profaner les paroles de saint « Augustin, qui s'adressaient à Dieu, je les « appliquerais à notre cœur ; et pourquoi pas ?

« Puisque nous sommes l'image de notre « Créateur, est-il étonnant que nous nous « trouvions quelque ressemblance avec lui? « Ces paroles, tu les connais et me les rap- « pelais dernièrement : « *O Beauté toujours an-* « *cienne et toujours nouvelle*, s'écriait-il, *je vous* « *ai connue trop tard!* »

« Et pour moi, mon ange, ton cœur est tou- « jours ancien et toujours nouveau ; et je sens « le mien se retremper et reprendre une nou- « velle vigueur dans les paroles d'amour que « tu m'adresses, et que je voudrais pouvoir te « rendre aussi vivantes, aussi animées, aussi « tendres que je les sens. Ceci me rappelle « une autre parole, qui n'est pas d'une sainte, « mais d'une femme qui aimait bien et disait « à sa fille : « *Dieu me fasse la grâce de l'aimer* « *comme je vous aime!* »

« Quoique ce langage puisse ne pas paraître « fort chrétien, cependant, mon ange, je prie « Dieu qu'il me fasse cette grâce ; car je vou-

« drais être sûre de l'aimer aussi bien que je « t'aime ; et si cela était, pour continuer la « comparaison, certainement l'amour divin « me rendrait aussi heureuse, dans l'éternité, « que le tien me rend heureuse dans le « temps.

« Je terminerai toute cette image en disant « que tu lises aussi bien dans mon cœur tout « ce qu'il y a d'amour pour toi, que Dieu y « lit le désir que j'ai de l'aimer ! »

V

LA MÈRE

Nous avons vu que Madame Michau avait confié à sa fille le soin d'élever deux jeunes frères; celle-ci ne fit donc plus tard que continuer le rôle de mère pour son propre compte. Mais, avant d'avoir des enfants, et dans la première année de son mariage, Madame Barbier fut heureuse de recevoir, chez elle, un neveu de son mari, dont elle termina l'éducation. Tous les jours elle lui faisait une classe de français, d'histoire, de géographie. Mère de famille *in partibus*, elle était plus heureuse d'y consacrer ses loisirs que de les perdre en visites, en soins de toilette; et ce qui eût été un ennui, nous dirons plus, un supplice pour toute autre jeune femme, avait pour elle le charme, l'attrait d'une bonne action accomplie.

Ce qu'il y a de plus suave dans toute la création, c'est sans contredit le cœur d'une mère. Or, jamais femme ne fut meilleure mère que Madame Barbier. Pour elle, ses enfants ne devaient être que l'ombre de leur mère et toujours attachés à ses pas. Elle prétendait qu'une mère ne doit jamais abdiquer, mais que son rôle doit être incessant; aussi ses enfants étaient de toutes ses excursions. Comme cette Romaine, dont elle aimait à citer l'exemple, elle se parait de sa maternité, et disait aussi que ses enfants sont les plus beaux joyaux d'une mère.

Madame Barbier était d'une santé fort délicate. Un misérable médecin, qui la soignait dans son adolescence, la rendit exsangue, à force d'ordonner des applications de sangsues. (Florissait alors le fameux système renouvelé de Sangrado.) Madame Barbier se ressentit toute sa vie de la maladresse de ce médecin ; mais on n'a jamais assez remarqué comme la naissance d'un enfant faisait, d'une jeune femme frêle et délicate, une mère forte et capable de supporter le froid, les veilles, les durs travaux. L'amour maternel produit bien d'autres miracles.

Madame Barbier se réjouissait d'avance de tout le bonheur qu'elle aurait à nourrir son premier enfant, à lui consacrer tout son temps, tous ses soins. Mais, hélas! la nature trahit ses désirs. Au bout de trois semaines le médecin se prononça; la source de vie n'était pas assez abondante; il fallut chercher une nourrice pour le fils de Madame Barbier. Quel crève-cœur! Le premier sourire de son enfant ne serait pas pour elle. Oh! va, bel ange, elle ne t'en aimera pas moins; elle n'en veillera pas moins sur toi, sur ton sommeil, sur tous tes besoins! Son amour, qui t'a précédé et t'attendait dans la vie, n'en sera pas moins vivace; elle n'en épiera pas moins ton premier sourire sur tes lèvres, la première lueur d'intelligence dans ton regard; ses brûlants baisers n'en sècheront pas moins tes premières larmes; et puis, pour l'éducation de ton âme, pour la direction de ton cœur, ah! pour cela, elle entend bien ne pas s'en rapporter à d'autres. Non, jamais elle n'abdiquera pour cela! ce sera l'objet incessant de tous ses soins, sa pensée continuelle.

La survenance d'enfants forme le véritable trait d'union entre le mari et sa femme; il resserre davantage le lien de leur amitié; Madame Barbier l'éprouvait et l'exprimait admirablement bien dans sa lettre du 8 septembre 1843 :

« ..... A l'heure où j'ai reçu ta lettre, je l'ai « avalée un peu vite, car on était encore à ta- « ble; mon Jules, qui était sur mes genoux, « voulait l'avaler réellement; mais je n'étais

« pas de cet avis-là ; je l'ai reprise afin de la « lire et le soir et le matin. Oh ! que je t'aime, « mon ange, que c'est doux de se sentir aimé « ainsi, et d'avoir un trésor d'affection à ré- « pandre ensemble sur la tête d'un bel ange « comme Jules !. .. »

Toujours elle étudia en toutes circonstances les choses et les personnes pour tout ce qui eût pu tenir en échec les tendres âmes de ses enfants. Quelle sollicitude pour éviter à leurs regards, à leurs pensées tout ce qui aurait pu ternir leur fraîche et pure imagination ! Sa conscience timorée et craintive s'alarmait des ouvrages que les parents donnaient en étrennes, Corneille, Racine, Molière, etc. Elle s'en ouvrit à son mari. Celui-ci reconnut que, sans doute, les passions étaient souvent peintes sous des couleurs séduisantes. Mais, ajouta-t-il, le danger est plus grand si on l'exagère, et surtout si, ayant reçu ces livres, les enfants se les voyaient ôter. Aussitôt qu'ils pourraient les lire, leur imagination affriandée ne chercherait et ne verrait partout que des allusions malsaines ; et puis, en dernier résultat, ils liront un jour tous ces ouvrages. — Tu as appris Esther dans ton pensionnat, continua-t-il ; eh bien ! prenons le récit d'Esther dès le début :

Peut-être on t'a conté la fameuse disgrâce
De l'altière Vasthi, dont j'occupe la place,
Lorsque le roi, contre elle enflammé de dépit,
La chassa de son trône ainsi que de son lit.

Madame Barbier pâlit. — Eh bien! tu n'as jamais remarqué cela ; mais si l'ouvrage t'eût été défendu, oh ! comme alors tu l'aurais saisi ! Au surplus, ce soir, je te lirai du Fénelon,— et le soir son mari se mit à lui lire les *Amours d'Eucharis*. Elle fit cesser la lecture, elle avait lu tout cela autrefois, mais jamais elle n'avait ainsi remarqué le jeu de la passion.

— Je n'y comprends plus rien, fais avec tes

garçons comme tu crois devoir faire, mais jamais je ne laisserai lire cela à ma fille. —

Toujours d'une douceur extrême, d'une patience inaltérable, et d'une condescendance à toute épreuve pour les exigences, les turbulences et pour toutes les défaillances de toutes ces belles petites figures roses, qui allaient, venaient, toujours suspendues à sa robe, elle prenait un air sévère ou plutôt un air de douleur pour les fautes commises; elle se serait fait un crime de lever les mains sur ses enfants; c'est par la persuasion, par l'amour qu'elle les dirigeait. Le pardon était toujours accordé intérieurement avant qu'il fût demandé; toutefois, elle exigeait la soumission et l'obéissance, et ne manquait jamais de punir les grandes fautes de l'enfant, suivant leur gravité relative, soit par le refus d'un baiser, soit par le refus de répondre au grand misérable, qui lui avait fait bien de la peine, disait-elle. Nous avons encore, dans sa table à ouvrage, toute une page : « *Pardon ! maman, je ne mentirai plus.* » écrite par son bon Jules, garçon le plus turbulent, le plus aimant, le plus intelligent qu'on puisse imaginer. Quand il avait dit : *Pardon ! maman*, il s'imaginait que c'était un brevet d'impunité, et il recommençait !

De combien de soins Madame Barbier entourait ses enfants! Tous les quatre avaient la plénitude de son amour, et chacun d'eux pouvait se croire le plus aimé. Elle mettait toute son attention et prenait toutes les précautions pour ne pas laisser pousser dans leur esprit le moindre germe de jalousie; aussi ses enfants savaient bien l'apprécier. C'est ainsi qu'un jour, à Hyères, assise place des Palmiers, près de sa mère, sa pauvre Julie, alors très-souffrante, entendait une dame assise près d'elle avec sa jeune fille frêle et malade, parler du dernier bal de la localité et faire des projets pour un autre prochain bal.— Oh ! ce n'est pas là une

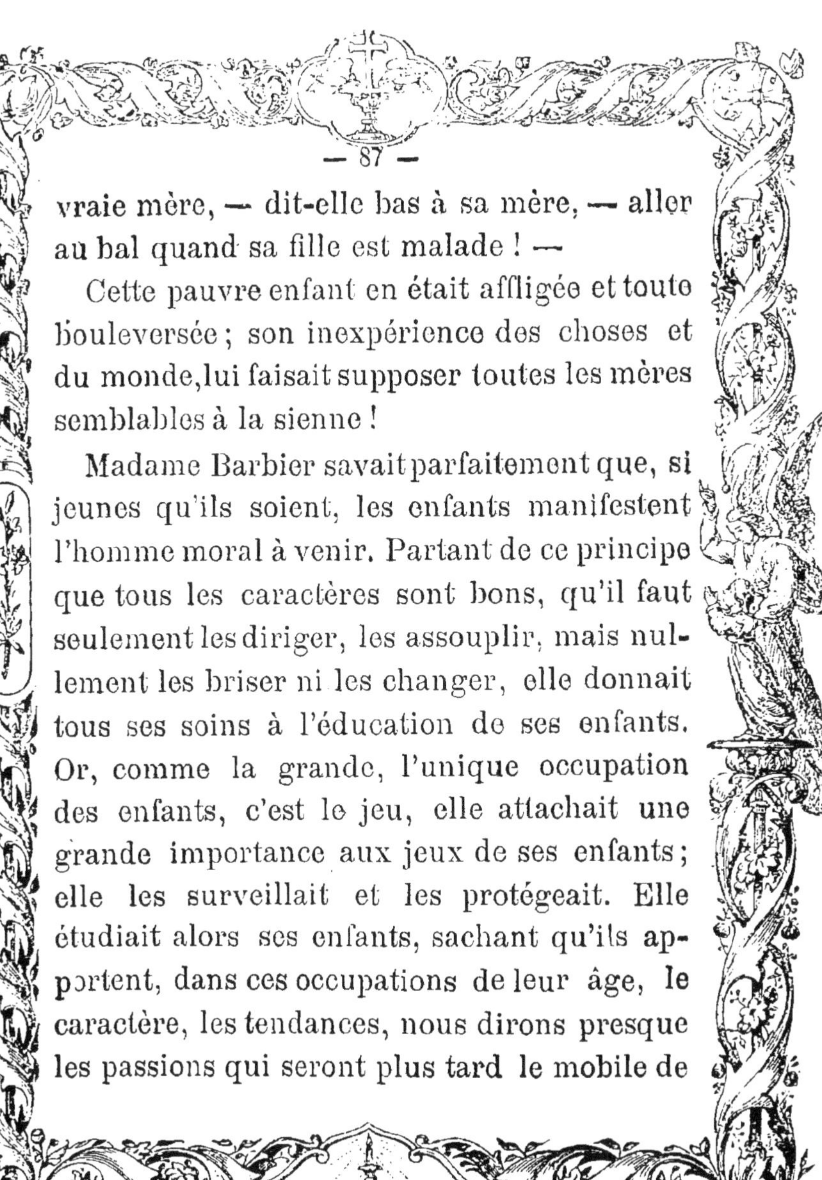

vraie mère, — dit-elle bas à sa mère, — aller au bal quand sa fille est malade ! —

Cette pauvre enfant en était affligée et toute bouleversée ; son inexpérience des choses et du monde, lui faisait supposer toutes les mères semblables à la sienne !

Madame Barbier savait parfaitement que, si jeunes qu'ils soient, les enfants manifestent l'homme moral à venir. Partant de ce principe que tous les caractères sont bons, qu'il faut seulement les diriger, les assouplir, mais nullement les briser ni les changer, elle donnait tous ses soins à l'éducation de ses enfants. Or, comme la grande, l'unique occupation des enfants, c'est le jeu, elle attachait une grande importance aux jeux de ses enfants ; elle les surveillait et les protégeait. Elle étudiait alors ses enfants, sachant qu'ils apportent, dans ces occupations de leur âge, le caractère, les tendances, nous dirons presque les passions qui seront plus tard le mobile de leurs actions, quand ils seront hommes. Elle permettait peu aux bonnes de s'immiscer dans les jeux et d'intervenir dans les discussions qui pouvaient survenir; c'était une tâche qu'elle s'était réservée, disant qu'elle n'avait pas pris des bonnes pour faire l'éducation de ses enfants. Elle veillait surtout à ce que jamais une bonne, ni qui que ce fût, n'inspirât à ses enfants ces peurs de croque-mitaines, dont, plus tard, on a tant de peine à se débarrasser, lorsqu'on ne les conserve pas toute sa vie.

Elle se prêtait, dans les limites du possible, du raisonnable, à toutes les aspirations de ses enfants, pour leurs jouets et pour les occupations de leur âge. Mais, un jour, sans trop se rendre compte de ce qu'elle répondait, elle avait promis à son Jules de lui acheter un âne à la foire d'Angerville, un vrai âne! Le jour arrivé, Madame Barbier ne savait plus comment s'y prendre; mais elle avait dit oui à son fils, qui lui demandait un âne; elle ne croyait pas pouvoir se dédire et manquer à sa parole. Quel exemple c'eût été pour son enfant! Oh! pauvre mère! quelle timorité de conscience, et quelle crainte de laisser soupçonner à son enfant qu'on pût jamais manquer à sa parole, et donner ainsi un mauvais exemple! Sans donc parler de son embarras à son mari, elle part avec son fils, fort inquiète sur l'issue de la chose. Peut-être n'y aurait-il pas d'ânes? Peut-être, dans tous les cas, ne les rencontreraient-ils pas? Oui, mais Jules s'était enquis du lieu où se tenait la foire aux chevaux et aux ânes! il fallut donc s'y diriger! Il n'y avait là qu'un âne; mais c'était autant qu'il en fallait. Aussitôt qu'il l'aperçut, l'enfant bondit de joie, et sa mère fut décontenancée:

— Madame, — c'était une femme qui avait l'âne à vendre, — Madame, voilà mon fils qui veut absolument acheter un âne; mais il faut qu'il soit très-doux et qu'il coure très-vite.

— Mon âne ne convient pas à un enfant; il est méchant, il mord, il rue et se couche quand, monté dessus, on veut le faire courir. —

La bonne femme avait compris l'embarras de cette pauvre mère. Tout fut ainsi arrangé pour le mieux. Jules, heureux de l'avoir échappé belle et de n'avoir pas acheté un âne dangereux, et Madame Barbier d'en être quitte à si bon marché, sans avoir donné à son fils le mauvais exemple de manquer à sa parole. Son mari n'en fut pas quitte à si bon marché; le lendemain, le charron lui apportait des brancards, que Jules lui avait commandés, pour les adapter à une voiture qu'il avait : il fallut s'exécuter et payer.

Madame Barbier avait horreur du mensonge; mais de toute espèce de mensonge, mensonge de parole, de geste, de simple contenance; elle voulait en tout la vérité, toute la vérité : pour rien au monde et pour quoi que ce fût, elle n'eût consenti à faire le plus léger mensonge. Mais, pourtant, lui disait un jour son mari, si, pour m'empêcher d'être guillotiné, tu n'eusses à faire qu'un tout petit léger mensonge, me laisserais-tu exécuter ? — J'espère, répondit-elle de suite, que Dieu me fera la grâce, et à toi aussi de ne pas te voir dans une semblable position.—

Elle se prêtait à tous les jeux de ses enfants. Quelquefois certains jeux duraient plusieurs jours ; c'était une noce par exemple ; toutes les voitures étaient sorties pour une excursion ; les curieux étaient montés et rangés sur les stylobates, sur les corniches pour mieux voir défiler toutes les belles toilettes. Comme l'on ne revenait que le lendemain du voyage, tout restait donc dehors ; et la bonne avait alors l'ordre de Madame Barbier de ne pas faire la chambre, pour ne rien déranger à la cérémonie. Mais, hors ces circonstances, après chaque jeu, tout devait être rangé dans une armoire à ce destinée; Madame Barbier voulait que ses enfants s'accoutumassent à un grand ordre.

Jules avait plus de sept ans quand sa mère pria l'instituteur de venir à la maison lui apprendre à lire et à écrire ; elle ne voulait pas fatiguer trop tôt les jeunes cervelles de ses enfants. Cela n'empêcha pas l'aîné d'être à la veille de passer sa thèse de licence de droit, à vingt-un ans, après avoir eu les plus grands succès dans tout le cours de ses classes, quand Dieu le rappela à lui. Si l'on désirait savoir dans quelle disposition d'esprit était alors le digne fils de Madame Barbier, il suffirait de lire une petite pièce de vers, qu'il écrivit en son lit de douleurs, sur une enveloppe de lettre, qu'après sa mort ses parents trouvèrent sur sa table de nuit : voici la dernière strophe de cette poésie, dernière pensée du pieux jeune homme :

« Qu'est-ce donc après tout que mourir ?
« Ce qu'on lui doit c'est le rendre à la terre ;
« C'est rendre à Dieu, dont le ciel va s'ouvrir,
« Une âme, un cœur libres de la poussière
« Qui les faisait gémir. »

Mais bientôt l'instituteur ne suffit plus ; les études du collége appelaient cet enfant à Paris. On ne saura jamais tous le soins, les inquiétudes, les démarches de Madame Barbier pour le choix d'une maison. Il n'y avait que trois jours qu'elle avait quitté son fils, installé au séminaire de Notre-Dame-des-Champs, que le 12 octobre 1853 elle lui écrivait déjà :

« Je ne puis m'empêcher d'ajouter quelque « chose à la lettre de ton père ; ce sera peu, « sans doute, car je n'ai qu'une page ; et com- « ment t'exprimer sur une page toutes mes « pensées à ton sujet ? je pense à toi dans mes « prières, pour te recommander à la Sainte- « Vierge, je pense à toi dans la journée, le

« matin, le soir : Jules dîne, Jules joue, Jules « travaille, Jules se couche. Je pensais à toi « dimanche. Julie s'ennuyait; moi, je n'étais « pas trop gaie ; tu n'étais pas là, et comme « j'avais peur que tu ne t'ennuyasses un peu, le « premier dimanche, je n'aurais pu prendre « aucun plaisir, quand même j'en aurais eu « l'occasion..... »

— Je ne pourrai pas vivre ainsi, disait-elle à son mari, sans voir mon enfant tous les jours.

— Eh bien! veux-tu que je vende mon étude, et nous retournerons à Paris?

— J'ai toujours gardé la plus stricte réserve dans tes projets. Quand quelquefois tu me parlais de céder ton étude, toujours je me suis tue. Cède-la, si tu le juges convenable; je n'en serai pas fâchée. —

Six mois après, elle était installée à Paris, et elle pouvait aller tous les jours embrasser son fils; c'est ce qu'elle écrivait à son mari,

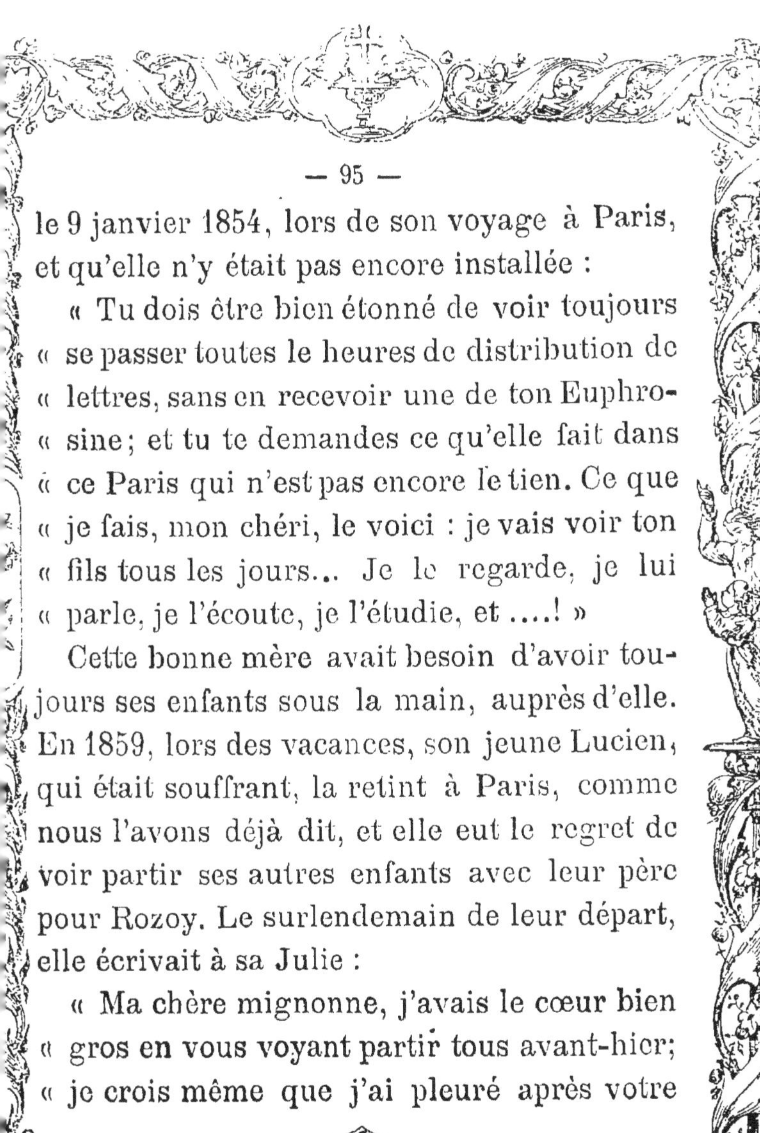

le 9 janvier 1854, lors de son voyage à Paris, et qu'elle n'y était pas encore installée :

« Tu dois être bien étonné de voir toujours « se passer toutes le heures de distribution de « lettres, sans en recevoir une de ton Euphro- « sine ; et tu te demandes ce qu'elle fait dans « ce Paris qui n'est pas encore le tien. Ce que « je fais, mon chéri, le voici : je vais voir ton « fils tous les jours... Je le regarde, je lui « parle, je l'écoute, je l'étudie, et ....! »

Cette bonne mère avait besoin d'avoir toujours ses enfants sous la main, auprès d'elle. En 1859, lors des vacances, son jeune Lucien, qui était souffrant, la retint à Paris, comme nous l'avons déjà dit, et elle eut le regret de voir partir ses autres enfants avec leur père pour Rozoy. Le surlendemain de leur départ, elle écrivait à sa Julie :

« Ma chère mignonne, j'avais le cœur bien « gros en vous voyant partir tous avant-hier ; « je crois même que j'ai pleuré après votre

« départ; je suis allée dans la chambre de Vic-
« tor, et j'ai trouvé dans la prière le calme
« dont j'avais besoin..... »

Le lendemain, elle écrivait encore à sa Julie :

« .....Tu regarderas Eugénie comme ta pe-
« tite maman. As-tu pensé de lui dire que je
« te confiais à elle, et qu'il fallait qu'elle eût
« une place bien bonne dans mon cœur pour
« que je lui fasse un semblable dépôt....? »

Une semaine plus tard, elle allait pouvoir aller retrouver tout son personnel, et dans la lettre, qui en prévenait son mari, nous retrouvons toujours l'épouse soumise, la femme chrétienne :

« Il me fallait trois choses pour me décider
« à partir : la décision du médecin, ton avis
« et une certaine lumière intérieure conforme.
« Or, ces trois choses étant d'accord, ce matin
« à l'église, et puis tout à l'heure ici, je pars
« samedi..... »

Madame Barbier n'avait pas encore de parti arrêté pour l'instruction de sa fille, lorsqu'un jour Julie, sur l'exhortation de sa mère de bien travailler une étude de piano, lui répondit :

— Je travaillerai bien et l'apprendrai, si tu veux me promettre de ne pas me mettre en pension.

— Allons, oui, va, travaille bien, je te le promets — répondit-elle d'une manière inconsciente.

Après la leçon, la pauvre mère va faire part à son mari de son imprudence. Mais lui :

— Promettre et tenir sont deux.

— Oh! non, je ne puis l'entendre ainsi ; ma pauvre fille ne doit pas avoir le moindre doute sur la parole de sa mère. J'aviserai et ferai comme je pourrai. —

La promesse fut tenue. Jamais la fille de Madame Barbier ne la quitta d'une minute.

De quelle attention, de quels soins elle l'entourait! Elle présidait aux leçons qu'une maîtresse venait lui donner à la maison ; elle assistait aux catéchismes de la semaine et du dimanche et, plus tard, aux catéchismes de persévérance, prenait des notes concurremment avec sa fille, pour lui refaire l'instruction de nouveau à la maison. Quelle élève sous une aussi habile maîtresse! Intendante du catéchisme, lors de sa première communion, cette bonne Julie avait encore, à la fin de la première année de catéchisme de persévérance, en concurrence avec des jeunes filles de dix-huit et vingt ans, mérité le grand prix d'honneur.

Les grandes distractions de cette enfant étaient, lors des congés, le jeudi, de sortir avec sa mère ; elles faisaient ensemble leurs courses, leurs commissions, faisaient leurs emplettes et rentraient radieuses, regrettant la brièveté du temps, et aspirant au jeudi suivant. C'est là ce qui faisait les grands plaisirs de la fille et, aussi, le bonheur de la mère. Madame Barbier n'avait jamais désiré d'autres divertissements, et ne comprenait que les soins et l'intérieur de la famille. Aussi son cœur surabondait de douces et profondes joies ; ses jours s'écoulaient comme elle les avait toujours désirés dans ses rêves de jeune fille. Ses devoirs d'épouse, de mère chrétienne remplissaient tous ses loisirs, et ne laissaient de place à aucun autre désir ; elle avait placé là tout son bonheur. Là était tout son attrait.

C'est ainsi qu'elle façonnait l'âme de son enfant avec sa propre âme ; aussi sa fille ne sentait, ne pensait, n'imaginait que par sa mère, en sa mère et avec sa mère. Son esprit, son intelligence avait pris sa forme définitive dans le moule si parfait de l'esprit, de l'intelligence de sa mère. Elle eût continué sa mère : mais Dieu trouva cette âme trop belle pour la terre, et la reprit pour orner son Paradis. Les anges, ses frères aujourd'hui, ne sont certainement pas plus purs qu'elle l'a toujours été.

Cette pauvre mère regretta toujours de ne pas avoir préparé ses deux fils aînés à leur première communion, comme elle avait fait pour sa fille. Aussi, disait-elle ensuite à son mari : « Les études ne me regardent pas ; tu feras pour ton troisième fils comme tu l'entendras ; mais je tiens à ce qu'il fasse sa première communion à la maison, pour l'y préparer moi-même ; sans cela je ne puis être maîtresse de sa conscience. » Hélas! Dieu en avait décidé autrement, et au lieu de sa sainte mère, le pauvre enfant n'avait auprès de lui que son père, lors de sa première communion.

Dans une lettre du 3 août 1863, Madame Barbier rappelle ainsi à son mari tout son bonheur de mère :

« Avant de me mettre à écrire cette lettre, « mon ami, je ne pensais guère que c'était au« jourd'hui l'anniversaire de notre mariage. « Oh! comme nous le fêtons d'une singulière « manière, l'un à Cauterets, l'autre à Anto« ny.... Si je ne pensais pas à la date de notre « mariage, je pensais, dans mes réflexions « solitaires, que le plus heureux temps que « nous ayons passé ensemble, est celui où « je voyais, avec tant de bonheur, Jules et « Julie jouer ensemble, d'un si parfait ac« cord, où mon cœur débordait d'actions « de grâces, où les grands soucis d'éduca« tion, de caractère, de conduite, n'étaient « pas encore venus; où mes soins se bor« naient à tâcher d'imprimer, de temps en « temps, une pensée sérieuse au milieu des « jeux, où la prière était celle de Lucien : « *Mon Dieu, faites-moi la grâce d'être bien* « *sage!* où Jules, après avoir fait mal à sa « sœur, courait se mettre à genoux, di-

« sant : *Mon Dieu, faites que Julie ne soit pas* « *malade !....*

« Oh ! comme il s'est passé des choses de-« puis ce temps, graves, douces, douloureu-« ses et consolantes, et malgré cela, je ne suis « pas encore malheureuse comme on pourrait « le penser, et je suis même plus heureuse que « bien d'autres, qui paraissent plus gais que « moi, parce que Julie est au ciel, et que tu « me restes pour m'aider à y guider les autres, « et à parcourir le chemin que j'ai encore à « faire. »

Cette lettre renfermait le billet suivant, qui peint bien cette digne femme :

« Mon langage a peut-être une certaine ap-« parence de froideur ; mais je pense que tu « as peut-être de la peine à ne pas montrer « mes lettres à Jules, et je crains que, quelle « que soit la pureté des sentiments que nous « avons l'un pour l'autre, il ne soit pas con-« venable de les exprimer devant lui ; c'est

« pourquoi je n'ose même terminer mes let-
« tres de cette manière que je me permets ici :
« ton Euphrosine. »

Toujours si timorée, pour ce qui la concernait, elle avait les idées les plus larges pour ce qui concernait ses enfants. — Sait-on tout ce qui se passe dans ces pauvres petites âmes, tout ce qui fermente dans ces pauvres petits cœurs? — disait-elle quelquefois à son mari — il faut user de bien des précautions et de tolérance, en fait, envers eux — ajoutait-elle.

Qui pourra jamais dire quels trésors de sensibilité, d'énergie, de dévouement il y a dans le cœur d'une mère chrétienne ? Une mère chrétienne, c'est le chef-d'œuvre d'un Dieu d'amour ; une mère chrétienne, c'est la plus haute manifestation de la bonté, de la tendresse ; une mère chrétienne, c'est un doux mélange de grâce et de force, de patience et d'activité, de souplesse et d'énergie, de fermeté et d'indulgence ; la mère chrétienne, c'est la plus haute expression du pur amour. Madame Barbier était la mère chrétienne dans toute l'acception du mot ; elle apportait auprès de ses enfants, comme dans toute sa conduite, beaucoup de simplicité, mais aussi beaucoup de dignité et de noblesse.

VI

LA CHRÉTIENNE.

Quelle belle âme Madame Barbier, et comme cette belle âme si chrétienne s'était façonné son corps! Son port, son maintien, révélait une sainte.

Madame Barbier ne comprenait pas qu'une femme ne fût pas franchement et foncièrement chrétienne, et disait :

« Quand on considère le rôle de la femme, avant l'avénement de Notre-Seigneur Jésus-Christ, et son rôle encore aujourd'hui, dans les sociétés païennes, l'on voit que la femme était alors et est encore aujourd'hui une esclave en Asie, en Afrique, en Turquie. Nous étions *quelque chose*, et de par la loi de Jésus-Christ, nous sommes *quelqu'un*. Comment donc ne pas étudier cette loi, et quand on l'a étudiée comment ne pas se rendre à l'évidence ? Comment ne pas être les adeptes, les disciples ferventes du divin Maître ? » Elle l'avait étudiée, elle, la loi de son divin Maître; aussi, l'observait-elle dans toute sa plénitude.

Partant du principe que nous n'avons été créés que pour gagner le ciel par nos mérites, elle rapportait tout à cette fin. En tout, elle n'avait en vue que Dieu, sa loi, sa gloire. Cette idée dominait toutes ses actions. Sa vie était tout intérieure, comme son regard, lorsqu'elle n'était pas obligée de causer avec quelqu'un, car alors il était étincelant; mais ce regard si doux, si pur, faisait naître et mûrir les bonnes pensées. Habituellement, sa pensée intérieure semblait voiler son regard, comme on peut le remarquer dans sa photographie d'Alger ; et pourtant, là, elle posait,

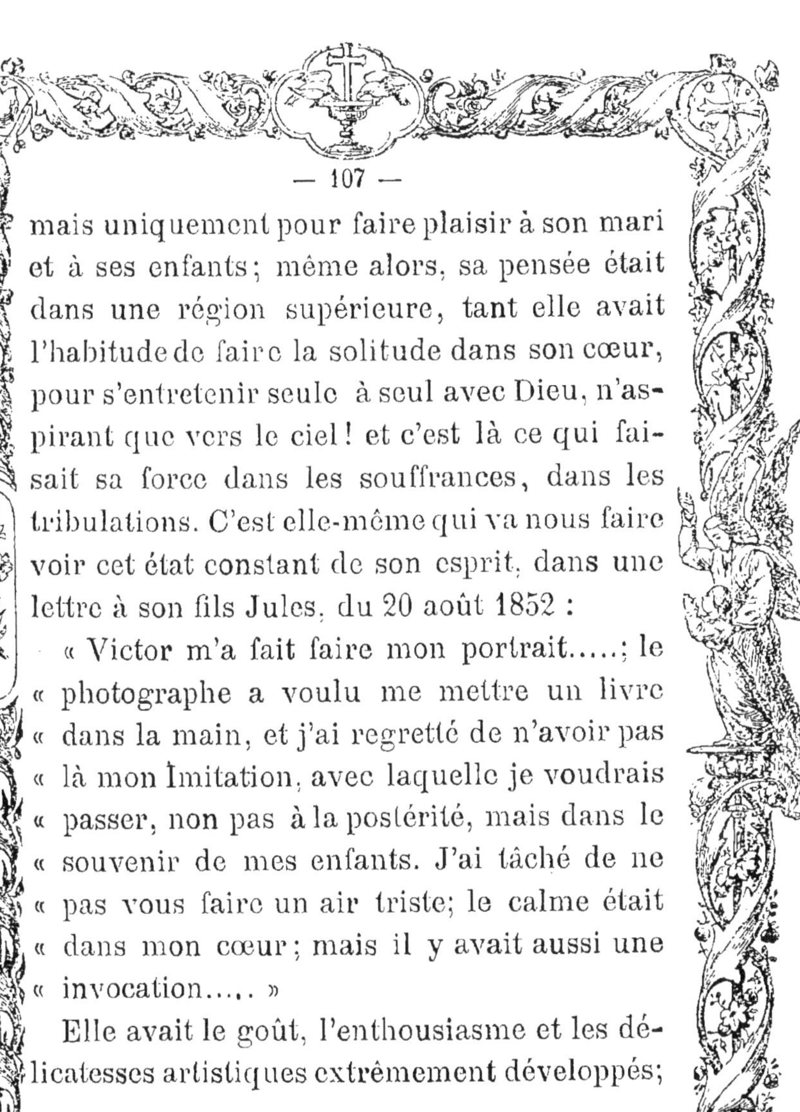

mais uniquement pour faire plaisir à son mari et à ses enfants; même alors, sa pensée était dans une région supérieure, tant elle avait l'habitude de faire la solitude dans son cœur, pour s'entretenir seule à seul avec Dieu, n'aspirant que vers le ciel! et c'est là ce qui faisait sa force dans les souffrances, dans les tribulations. C'est elle-même qui va nous faire voir cet état constant de son esprit, dans une lettre à son fils Jules, du 20 août 1852 :

« Victor m'a fait faire mon portrait.....; le « photographe a voulu me mettre un livre « dans la main, et j'ai regretté de n'avoir pas « là mon Imitation, avec laquelle je voudrais « passer, non pas à la postérité, mais dans le « souvenir de mes enfants. J'ai tâché de ne « pas vous faire un air triste; le calme était « dans mon cœur; mais il y avait aussi une « invocation..... »

Elle avait le goût, l'enthousiasme et les délicatesses artistiques extrêmement développés;

mais elle n'aimait que le vraiment beau. Elle ne comprenait pas ce fouillis de bibelots, dont certaines personnes s'encombrent pour se poser en connaisseuses. Elle n'aimait pas les tableaux dans les appartements, parce qu'elle trouvait que les tableaux, comme les statues, *panthéisaient* trop souvent, et offraient trop à l'admiration des personnages, à qui n'étaient dus que des sentiments contraires. Mais, pour couper court à tout, et éviter toute polémique à cet égard, elle disait qu'elle n'aimait pas les tableaux dans les appartements, parce que cela ne faisait que des réceptacles de poussière, exigeait des soins vétilleux et rendait le service difficile. Elle n'aimait le fétichisme en rien, ne voulait chez elle que les animaux strictement nécessaires ; elle les voulait bien soignés, mais n'aurait pas souffert les soins affectés, les caresses ridicules, disant qu'il valait mieux reporter sur les malheureux les soins et les attentions.

Toujours la même, en toutes circonstances, dans son intérieur comme en public, la même envers tout le monde, sans acception de personne, de position sociale, de fortune ; d'une douceur inaltérable, que la voix, le regard, le geste et tout son être proclamait, non-seulement elle eût été désolée de faire la moindre peine à qui que ce fût, mais elle ne voulait même pas qu'on fît souffrir un insecte. Quand ses enfants tenaient une mouche captive, elle la leur faisait lâcher ; elle voyait en tout l'œuvre de Dieu, et, pour elle, la création tout entière avait un rôle à remplir. Les choses, les hommes, les animaux, tout chante la gloire de Dieu et proclame sa grandeur.

D'un ordre extrême dans sa maison, elle agissait grandement, tout en ne faisant que les dépenses nécessaires. Lorsqu'elle avait une dépense importante à faire, elle demandait à son mari : « Nos moyens me permettent-ils de faire telle dépense ? » et sur la réponse affirmative, elle agissait, sans s'en occuper davantage. Jamais elle ne voulut savoir la position de fortune où elle pouvait être; jamais elle ne voulut davantage savoir ce qui lui advint de la succession de ses parents. — Qu'est-ce que cela me fait? — disait-elle à son mari: et quand ce dernier voulait lui donner quelques détails: — Qu'ai-je besoin de m'occuper de cela? est-ce que ce n'est pas l'affaire des maris? et n'ai-je pas assez d'autres choses à m'occuper, sans encore aller me mêler de ce qui ne me regarde pas? — C'est ainsi que jamais elle ne voulut s'immiscer dans aucune question d'intérêt, laissant ce soin à son mari. Voici la seule observation qu'elle se soit permis de faire à cet égard; c'est dans sa lettre du 1er août 1843, à son mari, qui devait s'occuper du règlement de la succession de sa mère à lui !

« Je n'ai pas besoin de te recommander,
« mon chéri, d'éviter un mot, une observa-
« vation, qui pourrait faire de la peine à ton

« père, dans l'arrangement de vos affaires. Tu « sais que si ton Euphrosine ne connaît pas « le prix de l'argent, elle sait ce que valent « les jouissances du cœur, et l'union des fa- « milles est une des plus grandes qu'elle « puisse éprouver..... »

Jamais personne ne pratiqua mieux, à la lettre et en esprit, le détachement des biens de la terre. Jamais personne ne posséda mieux cette pauvreté d'esprit, à qui le royaume de Dieu est promis. Il faut avoir un esprit bien supérieur, une bien grande force de caractère, pour en user ainsi avec la fortune. Elle ne tenait qu'à ce dont elle avait besoin d'user, à l'inverse de tant de personnes, qui consentiraient plutôt à manquer du nécessaire qu'à ne pas paraître regorger du superflu.

Son économie n'était que de l'ordre ; elle aimait à donner, et le faisait toujours grandement, sans y regarder. Elle n'était avare que de son temps. Tous ses moments étaient comptés, son temps réglé et partagé pour le travail, les soins à donner à sa maison, pour la prière, sa lecture et sa méditation, pour sa récréation. C'est bien ce qu'elle exprimait dans sa lettre à son mari du 1er août 1863 : « En prenant cette plume, ce papier, je me de-« mandais à qui j'allais écrire, et par où com-« mencer, car je me sens trois lettres à écrire; « et, quel que soit le plaisir que je trouve, « comme toi, à me laisser aller à mes douces « rêveries, réflexions, conversations intérieu-« res, comme tu voudras les appeler, et que « je goûtais tout à l'heure dans le jardin, je « m'en suis cependant tirée pour écrire à toi, « à Jules et à toi, au nom de Pinpin : car il ne « faut pas se le dissimuler, il y a au fond de « cette rêverie un peu d'égoïsme et de pa-« resse, et si je ne m'étais efforcée de vaincre « l'un et l'autre, il me serait resté un remords, « qui suit tout plaisir prolongé au delà de la « borne. »

Elle avait toujours quelque chose à faire, comme elle l'écrivait le 20 juillet 1863 :

« Tu sais que j'ai toujours beaucoup d'ou-
« vrage ; et quoique Jules ne puisse pas com-
« prendre cela, moi qui le comprends et le dé-
« plore quelquefois, j'y trouve cependant un
« certain avantage ; et puis, quand je ne suis
« pas trop absorbée par les occupations maté-
« rielles, je trouve une grande satisfaction à
« penser, à réfléchir, à causer avec Dieu... »

C'est ainsi qu'à Antony, où elle passa ses derniers étés, elle faisait avec son mari quelques tours de jardin après le déjeuner; le temps s'écoulait bien vite en entretiens intimes ; mais elle :

— Oh! le temps est passé ; il faut que je remonte à mes occupations.

— Allons, encore un tour !

— Oui, mais plus qu'un seul! ne me donne pas toujours ainsi des regrets, — ajoutait-elle ; — j'ai trop à faire. — Et elle remontait à sa chambre s'occuper de quelques travaux, de quelques rangements, après, toutefois, avoir prié auparavant, car elle avait un besoin incessant de prier, le matin, le soir, dans la journée. La prière était sa vie. Toujours elle avait quelque chose à demander pour elle, pour les siens. Elle obtenait beaucoup ; mais elle demandait encore ; toujours elle demandait. Elle le dit elle-même dans sa lettre du 26 août 1848 :

« ..... Je te crois donc aujourd'hui sur pied « et sans aucun souvenir matériel de ton in« disposition. Je le crois, parce que tu me « l'annonces, parce que je le désire et parce « qu'enfin je te recommande si bien à la « Sainte-Vierge, quand tu me quittes, que je « ne pense pas qu'il puisse t'arriver rien de « malheureux sous sa protection.... »

En s'éveillant, Madame Barbier offrait son cœur à Dieu. Son premier geste était le signe de la croix. Elle s'habillait ensuite; puis, agenouillée et se tournant vers le sanctuaire le plus proche, elle faisait la prière, et se rendait ensuite à l'église. C'est là qu'elle allait puiser de la force pour les épreuves, des consolations pour ses peines. Tous les matins, elle allait se repaître du pain des forts : puis, après un sublime colloque avec le divin Rédempteur, elle rentrait à la maison, ayant dans son cœur le Dieu de toutes les consolations. Elle voyait alors et jugeait toutes choses à leur juste valeur. Elle avait ses regards et ses désirs plus haut ; elle aspirait au ciel. Pour elle le temps n'était plus rien, le ciel était tout. Son âme consolée s'élevait sur les ailes de la foi et de l'espérance dans la sérénité des cieux. C'est ainsi qu'après ses grands malheurs on la voyait sortir, chaque matin, des larmes dans les yeux, et rentrer avec un sourire sur les lèvres, revenant lentement à la maison, et du fond du jardin, qu'elle traversait, elle souriait à son mari, à ses enfants, du plus loin qu'elle les apercevait. Sa belle âme semblait nager dans son regard. Dans l'après-midi elle faisait sa lecture spirituelle d'un quart d'heure; elle avait besoin alors d'être seule; elle s'était fait de son cœur un sanctuaire, où elle se retirait. Le soir elle faisait la prière à haute voix, en commun, avec tous les siens; puis, tout son petit monde parti et la tête sous l'aile, elle continuait seule ses colloques avec le bon Dieu. Elle n'avait pas encore bien demandé tout ce qui lui manquait: elle avait tant à demander pour elle et les siens! Quelquefois son mari :

— Qu est-ce donc que tu as toujours ainsi à dire au bon Dieu, après ton mari?

— Je demande pour lui, mais ne dis rien contre lui, — répondait-elle en souriant.

Et puis, quand tout son petit monde dormait, il lui restait encore une dernière visite à faire, un dernier rangement des habits de ses enfants, un dernier baiser à déposer sur leur front; et, quand elle les avait bien bordés dans leur lit, bien arrondi leur oreiller et jeté sur eux un dernier long regard, alors que le repos des siens était assuré, elle venait prendre le sien. Que de fois encore alors : — Mais nous avons oublié aujourd'hui d'aller ensemble faire notre petite prière à Notre-Dame des Souvenirs ! — Puis, tout en riant, elle descendait avec son mari, elle protégeant avec sa main la flamme de la bougie, et ils allaient s'agenouiller un instant près de la petite grotte, aux pieds de Notre-Dame des Souvenirs.

Toute la force de Madame Barbier résidait dans la prière ; c'est là qu'elle la puisait. Toute sa vie n'était qu'une prière. Son modèle, pour la prière, était sainte Monique. Quand, avec la prière, on arrive à faire un si grand saint d'un sujet tel qu'avant sa conversion était Augustin, on peut effectivement demander avec confiance, et tout espérer. Le 8 août 1860, Madame Barbier écrivait à son mari :

« Il me vient souvent dans l'idée que, si « j'étais une sainte Monique, mon fils devien- « drait un saint Augustin ; mais, hélas! je ne « suis pas une sainte Monique ! »

Et, dans une autre lettre, du 7 août (même mois) déjà citée plus haut, pour un fragment : « ..... J'aurais couru grand risque de renon- « cer d'aller à l'église ; mais, la meilleure ma- « nière de répondre à tout ce que ta lettre « contenait de bon et d'affectueux, c'était de « commencer par prier pour toi ; c'est ce que « j'ai fait ; j'ai laissé Pinpin dormir tout seul, « et suis allée à l'église ; et j'ai prié Dieu, mon « chéri, et pour toi et pour moi ; je n'ai pas « besoin de dire pour nos enfants, car ne « sont-ils pas presque toujours la cause prin- « cipale de mes prières? et que demanderai-je « si souvent à Dieu, sinon de nous enseigner « ce que nous devons faire pour les diriger « selon sa volonté.....? »

Comme son modèle, elle priait toujours ;

jamais elle ne se levait, la nuit, à l'appel d'un de ses enfants, sans faire une petite prière, à genoux, avant de se recoucher. En voyage, comme à la maison, c'étaient toujours les mêmes pratiques ; et quand un voyage ou une réunion avaient émargé grandement le temps de son sommeil, elle n'en abrégeait pour cela en rien ses prières habituelles. Jamais elle ne se mettait en voyage sans, avant le départ, invoquer, à genoux, la protection de Dieu et de la Sainte Vierge. Quand elle égrenait son chapelet, elle attachait une intention distincte à chaque *Ave Maria*, afin de soutenir son attention contre la monotomie de la récitation. Nous ne savons pas assez toute la force, tous les secours que Dieu accorde à ceux qui savent demander.

C'était avec la plus grande simplicité, sans affectation, sans ostentation, mais aussi sans l'ombre du moindre respect humain, que Madame Barbier remplissait ses devoirs et ses exercices religieux (1). En août 1842, un an après son mariage, elle arrivait, un samedi, la veille de l'Assomption, à Rozoy, chez les parents de son mari. Ses malles en retard n'arrivèrent pas le lendemain, pour l'heure de la grand'messe. Combien de pauvres jeunes femmes eussent considéré ce retard de la toilette comme un cas de force majeure, et se seraient privées de la messe! Mais Madame Barbier, avec un simple peignoir d'indienne, et le plus modeste chapeau, qu'elle sacrifiait pour les diligences d'alors, n'hésita pas un instant ; elle prit un livre et traversa tout le pays pour se rendre à l'église, sans s'inquiéter si tout le monde allait avoir les yeux fixés sur la jeune Parisienne, dans ce costume plus que

(1) Les personnes étrangères à sa famille avaient remarqué la piété profonde de Madame Barbier. Un employé de l'église Saint-Jacques-du-Haut-Pas, voulant désigner Madame Barbier, disait : « *Cette Dame qui prie si bien.* »

modeste. — Dieu ne m'en verra pas d'un plus mauvais œil, — disait-elle, — et moi je le prierai tout aussi bien qu'avec une mise élégante. —

Sans doute, rien au monde ne l'aurait empêchée de remplir un devoir ; mais sa religion savait distinguer ce qui était de devoir strict des simples actes de dévotion et de piété. Aussi écrivait-elle le 22 août 1848 :

« ..... Ton Euphrosine n'a pas perdu une « minute pour répondre à ta seconde lettre ; « elle a même sacrifié l'office du dimanche « pour t'envoyer quelques paroles d'amour et « de consolation ; ce n'est point un reproche « que je t'adresse, au moins, mon bon ange ; « je l'ai fait sans scrupule ; et, après avoir « écrit, nous sommes allés, bonne maman et « tes deux amours, à l'église ; nous n'y avons « plus trouvé personne pour l'office, car il « était terminé ; mais Dieu y était encore!....»

Simple et droite, courageuse et généreuse comme les saintes femmes de l'Évangile, elle ne voulait et ne connaissait que le devoir, capable, pour cela, des plus grands sacrifices. Dans les occasions difficiles, comme aussi, si elle avait quelque grave observation à faire, ou sa propre conduite à faire accepter dans quelques occasions délicates, elle allait méditer la chose devant Dieu, prendre son avis, le consulter dans son sanctuaire. Là, prosternée humblement, elle se dépouillait de tout sentiment humain, n'écoutait plus que les accents divins, qui murmuraient doucement au fond de sa conscience. Après avoir ainsi prié, longtemps demandé, longtemps écouté, elle se relevait. Sa résolution était prise, ou plutôt lui avait été dictée. Elle était sortie soucieuse, et son mari la voyait rentrer calme, parfaitement rassérénée et décidée: —

Mon parti est pris, je ferai et dirai cela; je ne puis faire autrement.— Puis, sans hésiter, elle arrangeait et faisait tout, comme elle en avait pris la résolution au pied de l'autel, avec l'avis de Dieu. Comme Moïse, elle avait coutume de recourir au tabernacle, pour résoudre ses doutes, ses difficultés, et elle y trouvait toujours un secours ou un refuge. Mais alors, comme, du reste, dans tous ses rapports avec tout le monde, quelle charité, quel cœur, et que de tact en toute circonstance! le tact, cette prescience du cœur, qui devine le procédé, la démarche qui doit faire plaisir, pour les mettre en pratique, et ce qui pourra blesser, ou seulement contrarier, pour s'en abstenir. Ce recours à Dieu, dans les occasions difficiles, Madame Barbier va nous le dire elle-même dans une lettre du 23 juillet 1863 :

« .. ..Donc, je me sentais bien seule ; j'avais « besoin de secours, de lumière, de force et « d'appui : je courus à Celui qui possède tout « dans sa plénitude, et veut bien en déverser « sur sa pauvre créature, quand elle vient à « lui. C'était la fête de sainte Marie-Made-

« leine, et je me sentis inspirée de demander « pour moi et pour ceux qui me sont chers... « Je revins donc de l'église, calmée et « éclairée..... »

Elle apportait, en toute circonstance, une grande dignité, qui ne permettait à personne d'abuser d'une prétendue prépondérance. Elle agissait, du reste, toujours, en toutes circonstances, avec cet amour du vrai, du strictement vrai, qui ne lui permettait pas de faire ce qu'on est convenu d'appeler une transaction. « Si j'ai tort, disait-elle, je ne veux rien ; la loi se prononçât-elle en ma faveur : mais, si j'ai droit, je ne puis rien abandonner de mon droit, car je permettrais, ainsi, qu'on fît une action déloyale, et favoriserais la fraude chez mon adversaire : or, il y a conscience à ne jamais le faire, ni le laisser faire, pour n'importe qui et n'importe quel motif. »

Elle s'était donnée à Dieu de tout son cœur. Dans la paix de son cœur et le recueillement de sa conscience, elle médita la nature humaine et l'essence divine, la créature et le Créateur. Ses goûts, ses grands plaisirs étaient d'accomplir, en tout et toujours, la volonté divine. En toutes choses elle partait de Dieu ; en toutes choses elle tendait à Dieu ; en toutes choses, et en toutes circonstances, elle invoquait Dieu. Ainsi Dieu, toujours Dieu, rien que Dieu, Dieu pour principe, Dieu pour but, Dieu pour moyen. Quelle âme, quelle énergie, quelle force de caractère, et quelle timorité de conscience !

Si quelqu'un lui avait fait de la peine sciemment, ou sans intention bien formelle, elle tâchait de trouver, le plus tôt possible, un moment de solitude, afin de se jeter à genoux, et de prier ardemment pour cette personne ; puis, elle se relevait, la sérénité dans le regard et dans le cœur ; tout était oublié, tout était effacé. Madame Barbier était extrêmement tolérante, dans ces occasions, pour interpréter les actions des autres. Elle avait appris à jeter les yeux sur elle-même, à se garder de jamais juger les actions des autres, et disait : « Mon Dieu, que de fois il nous arrive de nous formaliser, et d'en vouloir à des personnes, pour des paroles ou des procédés bien innocents, qui n'ont de caractère offensant que dans notre imagination ! Que de fois il nous arrive de mal juger certaines actions des autres, tandis que nous reconnaîtrions qu'ils n'ont fait que ce qu'ils pouvaient, et devaient faire, et que nous leur donnerions toute notre approbation, si nous connaissions le mobile de leurs actions, et les circonstances où ils se trouvaient ! » Elle ne semblait remarquer chez les autres que ce qui était digne d'éloge. Malgré la rigidité de ses principes, et leur scrupuleuse observance, pour ce qui la concernait, elle ne se scandalisait de rien dans la conduite des autres. Elle avait pour cela les idées les plus larges, et supposait que les autres avaient des motifs pour agir autrement qu'elle n'eût fait elle-même.

Sa pensée, constamment élevée à Dieu, ne lui faisait pas oublier ni négliger les choses de la vie ; elle s'occupait activement de tout son intérieur, prévoyait tout et tâchait de pourvoir à tout. En tout elle voyait l'œuvre et la volonté de Dieu, et prenait plaisir à tout.

Le maintien, la démarche de Madame Barbier, tout son être respirait la franchise, la décence, la chasteté. Il ne nous est pas possible de révéler ici tous les trésors d'innocence et de pureté de cette belle âme créée pour le ciel. Sa douceur, sa patience, sa charité étaient d'une sainte. Elle ne connaissait du mal que ce qu'il fallait pour l'éviter. La simplicité régnait dans ses intentions, et la pureté dans ses affections. Nous avons dit qu'elle savait se ménager, tous les après-midi, un moment pour vaquer à elle-même, dans un silence plus complet et une solitude plus grande ; c'est là qu'elle trouvait le secret de cette sérénité de caractère, et cette paix profonde et constante ; et cette paix, elle la répandait autour d'elle sur les siens. On eût dit qu'elle aussi savait commander à la mer et aux vents, tant elle savait faire le calme autour d'elle. Le témoignage constant de sa bonne conscience lui donnait une autorité que, dans sa modestie, elle ne soupçonnait pas.

Jamais, pendant les vingt-cinq années, qu'il eut le bonheur de passer avec elle, son mari ne lui vit manifester la moindre impatience; jamais, non jamais, il ne lui entendit faire la moindre médisance. Comment pouvait-elle toujours conserver ce calme, cette sérénité, cette placidité? comment, dans les conversations les plus intimes, pouvait-elle rester dans la plus stricte borne de la charité envers ceux dont il pouvait être question? c'est humainement parlant un mystère, mystère entre elle et Dieu. Et cette douceur angélique, inaltérable et à toute épreuve, qu'on a peine à concevoir dans les spéculations de l'intelligence, dans le silence de la solitude, cette douceur, cette charité, qui paraissent un rêve à réaliser dans le commerce journalier de la vie, étaient, chez cette sainte femme, une réalité de tous les jours, de tous les instants, réalité constante et perpétuelle. Ceux qui ne l'ont pas connue vont peut-être crier à l'exagération ? Mais tous ceux qui l'ont connue en témoigneront. Un jour, dans une réunion intime de pieuses filles, présidée par un vicaire de Saint-Jacques-du-Haut-Pas, il s'agissait de ces intempérances de langage et de ces impatiences de caractère si fréquentes. La bonne vieille Joséphine, dont il a été déjà question, prit la parole et dit : « Moi, j'en connais une personne qui a pu être constamment maîtresse d'elle-même ; je l'ai vue naître, grandir, se marier et devenir mère de famille. Eh ! bien, à aucune époque, dans aucune condition, dans aucune circonstance, je ne lui ai entendu faire la moindre médisance, ni ne l'ai vue manifester le moindre mouvement d'impatience. Cette personne, vous la connaissez comme moi, c'est Madame Barbier ! » C'est de la bouche même de la bonne Joséphine que nous tenons le fait.

Lorsque, par hasard, Madame Barbier avait été dans l'obligation d'émettre son opinion sur un fait quelconque, ou sur une personne, si quelques jours après son mari voulait remettre la conversation sur le même sujet : « *Je t'ai dit mon opinion et ce que j'en pensais ; oh! je t'en prie, ne m'en parle plus, cela me trouble.* »

Elle ne voulait pas qu'on lui rapportât les actions des autres, le scandale qui en était résulté : « *Ne pouvant y apporter de remède, qu'ai-je besoin de savoir cela ? Ne m'en parlez plus: cela me trouble,* » répétait-elle ; ou quelquefois encore : « *Les actions des autres ne nous regardent pas ; occupons-nous de nous-mêmes.* »

Jamais sa résignation complète à la volonté de Dieu ne se démentit un instant ; jamais sa fermeté de caractère ne lui fit défaut. En juin 1848, lors de cette formidable insurrection qui émut et fit trembler la France entière, il avait été décidé, à Angerville, que l'on partirait en armes au secours de l'ordre à Paris. Madame Barbier reçut cette communication avec le plus grand calme ; seulement, ce soir-là, elle pria plus longtemps qu'à l'ordinaire, et le lendemain, quand, à la pointe du jour, le rappel sonna, elle fut debout aussitôt que son mari qui allait partir. Les préparatifs terminés, elle demanda à son mari de refaire une prière en commun ; puis, avec la plus grande sérénité, elle lui fit ses adieux, l'embrassant en appuyant ses deux mains sur ses épaules, comme lui donnant sa bénédiction ; et quand, un quart d'heure après, la petite armée défilait devant sa maison, elle, collée à la fenêtre, envoya à son mari un dernier baiser, avec un sourire d'une mélancolie indéfinissable; on sentait déborder son cœur dans une fervente prière au Dieu des armées, une invocation à Marie, la consolatrice des affligés. Tout son maintien semblait dire : *à la grâce de Dieu!*

L'année suivante, en 1849, le choléra sévissait à Angerville, et causait de grands ravages. Pendant plus de six semaines, le mari de Madame Barbier était en contact avec des malades qui se mouraient; souvent, la nuit, on venait le quérir pour un moribond, qui ne pouvait attendre le soleil suivant. Jamais Madame Barbier ne manifesta la moindre alarme, la moindre inquiétude à cet égard. Son mari ne faisait que son devoir de notaire; elle ne soupçonnait même pas qu'il pût en être autrement, et qu'il eût pu hésiter un instant.

Forte et sublime dans les grands événements, elle n'était pas moins admirable dans toutes les circonstances ordinaires de la vie; elle voulait le devoir rigoureusement accom-

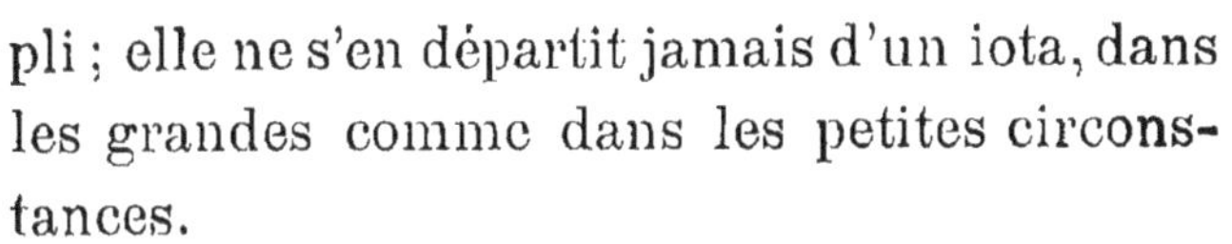

pli ; elle ne s'en départit jamais d'un iota, dans les grandes comme dans les petites circonstances.

Voilà, sans doute, quelques traits, les plus apparents, de cette femme chrétienne ; mais ces éclairs d'intelligence, ces extrêmes délicatesses de sentiments, comment exprimer cela? Comment dire un mot, un geste, un accent, une inflexion de voix, un regard, qui contenaient et exprimaient ces effluves du cœur, si expressifs dans l'intimité? Elle seule aurait su le faire.

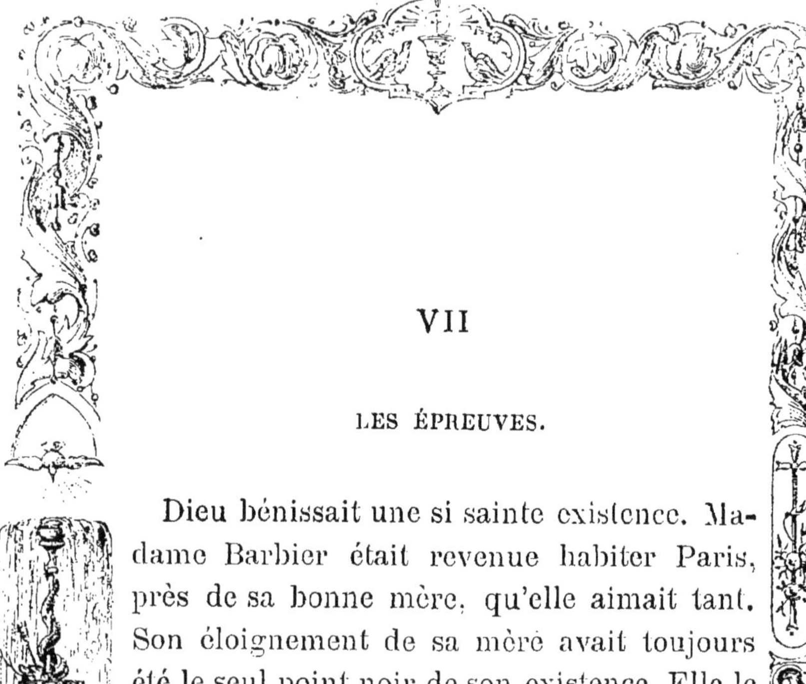

VII

LES ÉPREUVES.

Dieu bénissait une si sainte existence. Madame Barbier était revenue habiter Paris, près de sa bonne mère, qu'elle aimait tant. Son éloignement de sa mère avait toujours été le seul point noir de son existence. Elle le dit elle-même, dans sa lettre du 14 janvier 1851 :

« ..... Nous aurons encore, dans notre soli-
« tude, de ces bons moments de causerie et
« d'épanchement, de ces moments qui font
« que ton Euphrosine peut se comparer à
« toutes les femmes, et se trouver la plus heu-
« reuse, et n'avoir, malgré la privation qu'elle

« éprouve loin de sa mère, qu'à bénir et re-
« mercier Dieu du sort qu'il lui a fait. Ne sois
« pas jaloux, mon ami, de ce regret, que je
« laisse percer ; non, je ne cherche pas à te ca-
« cher les affections de mon cœur ; tu sais en
« comprendre toutes nuances ; il y a dans le
« cœur, que Dieu nous a donné, une si grande
« puissance d'amour, que c'est assurément la
« meilleure et la moins imparfaite partie de
« nous-mêmes ...... »

Au sein de cette grande cité, si tumultueuse, elle vivait très-heureuse dans le calme de son intérieur, consacrant tout son temps et ses soins aux quatre enfants que Dieu lui avait donnés. Elle jouisait de ce profond bonheur que donne le devoir accompli. Cachée au sein de son doux foyer, ignorée du monde, elle n'en connaissait ni les soins ni les inquiétudes. Mais sous un ciel toujours pur, le cœur mûrit moins bien pour l'éternité ; or, Madame Barbier était de la famille de ces âmes d'élite et privilégiées, à qui Dieu, dans ses secrets desseins, envoie de douloureuses épreuves, pour leur faire mériter une plus belle récompense. C'est ainsi que, sur cette vie si douce, si calme, fondirent, coup sur coup, d'épouvantables catastrophes. Mais jamais sa résignation et sa soumission à la volonté de Dieu ne faiblirent un instant; c'est elle-même qui nous dira, dans une lettre à sa fille, que nous citerons plus loin, avec quel esprit elle envisageait et acceptait tous les événements. Elle savait que les douleurs sont le creuset qui purifie.

C'est d'abord sa belle grande Julie qui tombe malade, en 1860. Les médecins lui ordonnent, ainsi qu'à son père, les Eaux-Bonnes. La correspondance fut bien active; mais, de loin comme de près, Madame Barbier n'oubliait jamais ses devoirs de mère. Après les épanchements de son cœur, après les détails qui pouvaient intéresser sa fille, arrivaient les conseils. Voici la première lettre qu'elle lui écrivit, en août 1860. Mais, pour l'intelligence de cette lettre, il faut savoir que Julie avait vu, avec un profond chagrin, M. Debeauvais enlevé de la cure de Saint-Jacques, pour aller à celle de Saint-Thomas-d'Aquin, que la pauvre enfant appelait naïvement, à cause de cela, *Saint-Thomas-le-Taquin!* et acceptait difficilement un successeur.

« .... Ce qui me reste à te dire est cependant le plus important; car j'en arrive au « résumé et au côté pratique. Or, voici, ma « belle chatte, quelles ont été mes réflexions « de ce matin. Il est certain que Dieu nous « aime plus que nous ne l'aimons, et que nous « ne pouvons l'imaginer; il est certain, d'un au« tre côté, que rien n'arrive, en ce monde, sans « son ordre ou sans sa permission; donc, tous « les événements qui nous arrivent ont été « dirigés par sa miséricorde, pour notre plus « grand bien. Que nous reste-t-il à faire si« non d'accepter avec soumission l'accomplis-

« sement de ces événements, et de faire tout
« ce qui dépend de nous pour en profiter ?
« Oui, ma chère Julie, Dieu a voulu, ou permis,
« que ton père et toi, vous fussiez malades et
« obligés de vous éloigner de moi. Il a voulu
« que je fusse clouée à Paris, et que Victor fût
« retenu à Senlis ; il a voulu que M. Debeau-
« vais fût enlevé à ses paroissiens, qu'ils fus-
« sent un moment dispersés comme des bre-
« bis sans pasteur, et qu'un nouveau pasteur
« vînt, au nom de Jésus-Christ, demander le
« respect, la soumission et l'affection dus à
« son ministère. Il a voulu toutes ces cho-
« ses. Avons-nous le droit de lui demander
« pourquoi ? et ne devons-nous pas plutôt lui
« répéter sans cesse : Mon Dieu, faites-nous la
« grâce de profiter de tous les événements ?

« Commençons donc par nous soumettre ;
« prions ensuite, et Dieu nous fera connaître
« ce qu'il a eu en vue, dans chacun de ces
« événements ; ce que nous devons faire pour

« correspondre à ses desseins; et il nous don-
« nera la grâce dont nous avons besoin pour
« accomplir sa volonté. »

Au mois de novembre suivant, Madame Barbier partait avec sa fille pour Hyères, laissant sa mère un peu souffrante. Quelques semaines après son installation, un télégramme fondit comme un coup de foudre, annonçant la mort de Madame Michau. Rien ne saurait peindre le chagrin de Madame Barbier, en apprenant la mort de cette bonne mère, qu'elle aimait tant, si ce n'est celui de Julie, qui adorait sa bonne maman. Cette pauvre enfant eut une crise nerveuse, et tomba évanouie dans les bras de sa mère; et Madame Barbier, qui avait tant besoin de consolations, était encore obligée de calmer sa pauvre fille, et de chercher pour elle des consolations, dont elle avait un si grand besoin pour elle-même.

Trois mois plus tard, cette pauvre enfant expirait dans les bras de sa mère, à Hyères.

Partie avec sa fille, à qui ses seize ans devaient promettre une longue existence, elle la ramenait dans un cercueil ! Quel voyage, et quel retour ! Ces grands chagrins se sentent, mais on ne saurait les exprimer !....

Trois ans après, c'était le tour de son bon Jules, son aîné, dont la belle intelligence et les grands succès, dans les classes, faisaient l'orgueil de ses parents. A vingt-un ans, il expirait dans les bras de sa mère, en février 1864.

L'hiver suivant, elle alla avec les siens passer, en Afrique, la saison rigoureuse. Son mari tombe dangereusement malade à son arrivée : elle passe deux grands mois à le soigner seule. Un jour qu'elle écrivait à leurs parents, son mari, qui avait conscience de sa position, lui recommanda de ne rien céler de son état : ce qu'elle fit avec la plus grande franchise ; puis, elle lui donna sa lettre à lire avant de la fermer. Moins de deux ans après, son mari eut la même franchise envers elle, à son lit de mort.

Dans ses angoisses, elle ne laissa échapper qu'une seule plainte, auprès d'une bonne nièce de son mari qui les avait accompagnés en Afrique. — Mais pense donc, ma bonne Eugénie, lui disait-elle, que vais-je devenir avec deux garçons à élever, si Dieu m'enlève leur père ? — Dieu eut pitié d'elle; mais un autre chagrin lui était réservé : c'était son père qui mourait, à son retour d'Afrique, où il était allé passer l'hiver avec sa fille. Depuis la mort de Madame Michau, il s'était attaché aux pas de sa fille, et la suivait partout.

Ces grands chagrins frappaient bien vivement et bien profondément Madame Barbier; mais elle les supportait avec une résignation chrétienne indicible. Dieu seul peut accorder à une mère infortunée cette force d'âme dont elle a besoin pour ne pas se laisser abattre sous le coup de pareilles infortunes. C'est surtout dans les grands malheurs que se révèlent les âmes fortes. Elle trouvait dans la foi les seules consolations que l'on puisse éprouver, et, le 28 juin 1861, elle écrivait à son mari :

« Je t'écris, comme à Victor, sur du papier « qui prouve que je n'ai pas ici tout ce qui « est nécessaire. Hélas! s'il ne me manquait « que des choses, ce ne serait rien, mais les « personnes qui me manquent, qui pourra « les remplacer? Je sens une voix qui me dit: « Dieu seul. Oh ! oui, sans doute, Dieu avait « ses desseins, desseins de justice et de misé- « ricorde, pour nous attirer à lui ; et, voyant « que nous méprisions, ou que nous négli- « gions les inspirations de la grâce, il a ap- « pelé à lui notre Julie, afin qu'en pensant à « elle, nous pensions à lui, et qu'en l'aimant « toujours, nous aimions aussi Celui qui ne l'a « retirée de ce monde que pour la faire jouir « d'un bonheur parfait, qu'il veut nous com- « muniquer en nous réunissant à elle. Hors

« de ces pensées et de ces consolations, seules « justes et vraies, tout n'est qu'erreur, men- « songes, illusions trompeuses, qui, pour une « distraction d'un moment, ne laissent qu'un « remords amer de s'y être laissé prendre. Je « m'arrête, mon ami, car....... »

Cependant, dans la même lettre, elle laisse percer sa profonde mélancolie ; car la joie des autres semble une espèce d'insulte au chagrin qu'on éprouve ! C'est à la fin de cette lettre qu'elle ajoute :

« Je suis donc complétement seule, aujour- « d'hui, avec Lucien. Cependant, je t'avoue « que ce n'est pas la solitude qui m'effraie le « plus ; ce sont les réunions comme celle « d'hier, par exemple, qui me sont le plus pé- « nibles; voilà ce qui me serre le cœur plus en- « core que d'être seule dans mon intérieur. »

Pendant les longues maladies des siens, Madame Barbier les soigna toujours seule, elle n'aurait jamais voulu confier ce soin à un autre. Toujours debout, elle ne prenait que quelques heures de sommeil, auprès de ses malades, guettant même alors leurs moindres mouvements, pour aller au-devant de leurs désirs, pour leur apporter quelques soulagements. Elle était toujours là, les couvant des yeux, les dorlotant, les câlinant, leur donnant ces doux noms que les mères seules sont si ingénieuses à trouver, ne laissant jamais soupçonner, alors, tout ce que son cœur de mère pouvait contenir d'angoisses. Jamais la moindre impatience devant les exigences de ses malades, toujours prête à obéir au moindre caprice, et le jour et la nuit, avec une énergie, une force d'âme qui trompait sa nature faible et délicate. La volonté sait ainsi, chez une âme généreuse, décupler les forces du corps. Les cheveux noirs de Madame Barbier, qui s'entre-mêlaient alors de quelques fils d'argent, révélaient bien des heures d'angoisse, bien des nuits d'insomnie, passées au chevet d'un lit de mort ou de souffrance. Il était facile de deviner qu'un profond chagrin avait effacé, chez cette femme héroïque, victime de l'amour maternel, tout sentiment d'attache à cette terre. Sa taille souple s'affaissait sous un fardeau invisible ; son regard se voilait incessamment de tristesse et de deuil ; sa pâleur reflétait les tons d'un marbre de Paros, sur lequel auraient coulé des larmes.

Sans doute, Madame Barbier souffrait horriblement ; mais elle ne pleurait pas, comme ceux qui n'ont pas d'espoir. Elle s'inclinait sous la volonté de Dieu, comme elle l'écrivait dans la dernière lettre que nous venons de citer. Nous pouvons citer une lettre de l'année suivante, du 3 novembre 1862, écrite sous la même inspiration ; elle y indique la source où elle va puiser la consolation !

« ..... J'ai passé ma matinée à l'église,
« pour célébrer la Fête des Morts. J'y ai en-
« tendu un sermon, que je voudrais pouvoir

« t'analyser : la douceur de la mort du juste, « exposée par le prédicateur, la pensée de la « mort de notre chère Julie, enfin la sainte « communion que j'ai eu le bonheur d'y faire, « tout cela a rempli mon cœur, et, n'ayant pas « le temps pour t'en exposer tous les senti- « ments, je te prie d'y lire toi-même, et de repas- « ser ensemble nos souvenirs passés, nos pen- « sées présentes et nos espérances futures. Je « pourrai, en attendant que j'aille te rejoindre, « te donner rendez-vous à la tombe de notre « chère enfant ; mais je ne sais à quel mo- « ment j'y serai ; et d'ailleurs j'aime mieux te « le donner au pied du tabernacle, où je vais « tous les jours, et où je me trouve plus près « de Dieu, où je porte ton souvenir et celui « de nos enfants, et où ma chère Julie est pré- « sente d'une manière moins lugubre que « dans cette triste demeure, que nous lui « avons ornée de notre mieux...... »

Elle se rappelait toujours avec bonheur les

paroles de consolation que lui avait adressées M. Debeauvais, en sortant de confesser son bon Jules pour le dernière fois. Cet excellent prêtre avait des larmes dans les yeux. — *C'est bien dur pour une mère, Madame Barbier ; mais il vous reste une bien grande consolation ; vous allez avoir rendu à Dieu deux bien belles âmes, dont il vous avait confié la direction.* — La résignation de Madame Barbier à la volonté de Dieu était d'une sainte. C'est elle qui eut le courage de réciter à haute voix les prières des agonisants, à la mort de ses deux enfants. Quel spectacle ! spectacle digne des anges, digne de Dieu. Une mère à genoux auprès de sa fille chérie, auprès de son fils, son premier né agonisant, dont elle aurait voulu racheter la vie au prix de la sienne propre, et disant avec une sublime résignation à la volonté divine :

« *Partez de ce monde, âme chrétienne, au nom*
« *de Dieu le Père tout-puissant, qui vous a créé ;*

« *au nom de Jésus-Christ, Fils du Dieu vivant, qui* « *a souffert pour vous; au nom de l'Esprit-* « *Saint, qui est descendu sur vous; que votre de-* « *meure soit aujourd'hui dans la paix, et votre ha-* « *bitation dans la Sainte-Sion. Je vous remets* « *entre les mains de Celui dont vous êtes la créa-* « *ture.* »

Madame Barbier eut le courage de présider à l'ensevelissement de son fils, de revendiquer pour elle tous les détails matériels de ces heures funèbres si déchirantes, si effrayantes pour notre faiblesse. Toujours elle assista au service funèbre des siens. Elle ne voulait quitter ses morts chéris que lorsque la terre les avait repris. C'était vraiment prodigieux de voir, en toutes ces circonstances, tant de force, tant de caractère chez une femme si frêle. Jamais une plainte, jamais un cri, dans les plus fortes douleurs comme dans les plus amers chagrins, à la mort de ses enfants comme à leur naissance. Sa pauvre mère disait avec bien de la vérité : « Ma fille donnerait le jour à ses enfants dans un dortoir commun que personne ne s'en apercevrait ! » C'est à peu près ce que son mari rappelait à son fils Jules, dans sa lettre du 11 novembre 1853 :

« Permets-moi, mon cher enfant, de te « rappeler une histoire de ta plus tendre en- « fance Tu étais né à peine depuis dix minu- « tes, quand ta mère, qui était pourtant bien « souffrante (elle était malade au lit), me de- « manda de me mettre à genoux, près de son « lit, auprès d'elle, et auprès de toi ; puis nous « fîmes ensemble une prière, que ta mère ré- « cita à haute voix, pour remercier Dieu de « nous avoir donné un premier enfant. C'é- « tait *Monsieur ton grand personnage;* puis, nous « t'offrimes à la Sainte Vierge, et l'avons priée « de te prendre sous sa toute-puissante pro- « tection. »

Madame Barbier ne souffrait véritablement que par le cœur ; il semblait que les douleurs physiques n'étaient rien pour cette âme si fortement trempée. Ainsi, le 8 mai 1849, on croirait que c'est d'une personne étrangère qu'elle parle:

« ... Je suis allée, hier, chez le dentiste, qui
« m'a nettoyé, rattaché, arraché tout ce qu'il a
« voulu ; je ne suis pas cependant tout à fait
« convaincue qu'il ne reste pas encore une dent
« à faire disparaître ; je l'ai cependant signa-
« lée à son attention, et il lui a accordé la vie ;
« je ne sais si je m'en applaudis..... »

Elle avait la douleur des âmes fortes, qui se concentrent et ne se répandent pas au dehors en cris ni en sanglots. Les émotions les plus vraies sont celles qui se refoulent au dedans, au lieu d'éclater. Car, comme l'a dit un poète, *le cœur de l'homme est un vase profond* ; et cette femme si forte, si courageuse, cette mère admirable qui, brisée, écrasée, foudroyée, se relève pour prier et bénir, n'a jamais pu relire les lettres de sa chère fille, non plus que celles

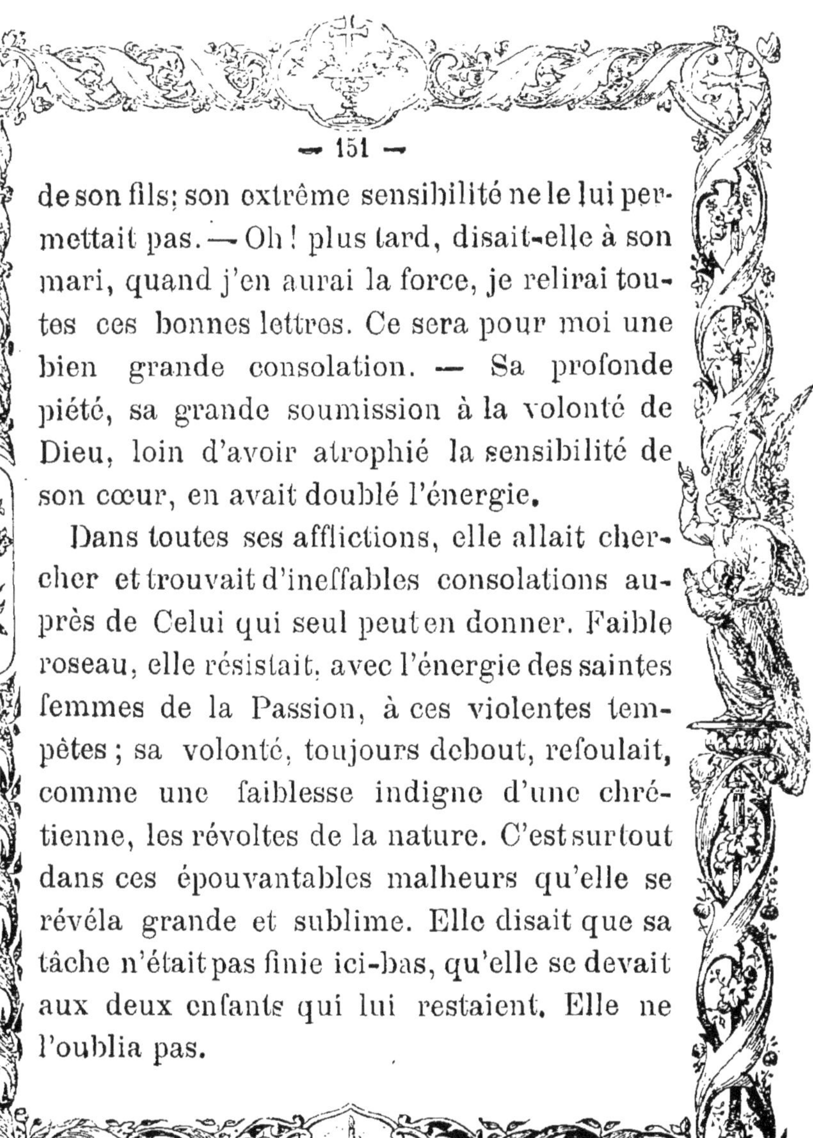

de son fils; son extrême sensibilité ne le lui permettait pas. — Oh ! plus tard, disait-elle à son mari, quand j'en aurai la force, je relirai toutes ces bonnes lettres. Ce sera pour moi une bien grande consolation. — Sa profonde piété, sa grande soumission à la volonté de Dieu, loin d'avoir atrophié la sensibilité de son cœur, en avait doublé l'énergie.

Dans toutes ses afflictions, elle allait chercher et trouvait d'ineffables consolations auprès de Celui qui seul peut en donner. Faible roseau, elle résistait, avec l'énergie des saintes femmes de la Passion, à ces violentes tempêtes ; sa volonté, toujours debout, refoulait, comme une faiblesse indigne d'une chrétienne, les révoltes de la nature. C'est surtout dans ces épouvantables malheurs qu'elle se révéla grande et sublime. Elle disait que sa tâche n'était pas finie ici-bas, qu'elle se devait aux deux enfants qui lui restaient. Elle ne l'oublia pas.

Monseigneur Dusserre, aujourd'hui évêque de Constantine, alors curé de Saint-Eugène, près Alger, où Madame Barbier s'était installée, en l'hiver 1864-1865, lui écrivait à l'occasion de tous ces malheurs :

« ..... Comme vous êtes éprouvée comme « fille et comme mère, et que ces titres, si doux « pour les autres, deviennent amers pour vo- « tre cœur ! Mais, vous, Madame bien véné- « rée, vous avez un titre qui change vos tris- « tesses en joie. Vous êtes sainte et pieuse, et « les morts, que vous envoyez au ciel, sont les « avant-coureurs de votre félicité; et les saints « que vous donnez à Dieu, vous prépareront « une place, comme savent en préparer un « père et des enfants.

» *Celui qui eut le bonheur d'être, pour votre « piété, l'instrument des grâces de Dieu.* »

Malgré les chagrins cuisants qu'elle éprouva à la perte des siens, la paix, la sérénité régnaient dans le cœur de Madame Barbier. Cependant, qui pourra jamais exprimer tout ce qu'il y a, pour le cœur d'une mère, de douceur, de satisfaction, de bien-être, de poésie, de bonheur dans la possession d'une fille chérie, d'un grand fils plein d'avenir ? Sentir ce bonheur, le savourer et puis, tout d'un coup, se voir ravir les enfants qui en sont la cause, les voir expirer dans ses bras ! ce sont là des pertes, des calamités qui blessent à mort, et dont on ne revient pas. Sans doute, l'âme de Madame Barbier planait au-dessus de ces malheurs, et son cœur savait voir ses enfants et converser avec eux au sein de Dieu ; mais son énergie même fut fatale à sa faible nature physique ; ses forces ne répondaient plus à sa volonté ; sa vie s'échappait à chaque haleine. Mais toujours elle allait, et tant que Dieu lui mesura le souffle, elle fut la même pour les siens et pour Dieu, mère dévouée, épouse modèle, chrétienne ardente.

VIII

UN DERNIER RAYON DE BONHEUR.

Au lieu de retourner passer l'hiver en Afrique (Madame Barbier était si souffrante pendant la traversée !) M. Barbier lui proposa et Madame Barbier accepta de grand cœur, d'aller passer à Rome l'hiver 1865-1866. Elle entrevoyait quelques bonnes heures à vivre selon son cœur dans la Ville Eternelle ; et le temps, hélas ! trop court, qu'elle y passa, fut en effet comme un doux et bienfaisant rayon de soleil entre d'épouvantables orages.

Le voyage, comme tous les voyages, offrit plus ou moins de péripéties. Madame Barbier, qui ne considérait la vie humaine que comme un voyage, se trouvait alors dans son élément. Son mari, ses enfants étaient toujours là et l'entouraient ; le reste ne lui était rien. Seulement, tous leurs bagages furent égarés en route. Madame Barbier n'avait même pas conservé son sac de nuit avec elle. A Turin elle séjourna deux jours pour cela, fit jouer inutilement le télégraphe, matin et soir ; rien n'arriva. A Florence, nouveau séjour de huit jours; et tous les jours, matin et soir, le télégraphe réclamait encore les bagages, sur toutes les lignes de chemin de fer : ils étaient allés à Genève; et ce n'est que le septième jour qu'enfin ils arrivèrent. Vous eussiez dit que c'était un étranger, inconnu à Madame Barbier, qui avait ainsi égaré ses bagages : le calme, la patience ne lui firent pas plus alors défaut qu'en aucune autre circonstance ; et cependant, c'était un embarras incessant pour elle et les siens ; elle manquait d'une foule de ces choses d'un usage journalier. Elle n'avait remplacé que le plus urgent, le plus indispensable pour elle et les siens. Elle put bientôt continuer sa route pour Rome; et quand enfin elle se vit sur les terres, qui étaient encore alors les *Etats-Romains*, vous eussiez remarqué un certain air de contentement et de bien-être, dans toute sa personne : « *Ah! nous sommes enfin chez nous* ! » exclama-t-elle. Les domaines du Saint-Père étaient, à ses yeux, la patrie commune de tous les chrétiens.

En voyage, elle remplissait, autant qu'il lui était possible, ses exercices habituels de piété. En chemin de fer, comme en voiture, sa méditation n'était guère interrompue; elle était sans cesse unie à Dieu par la prière. A l'arrivée dans une ville, son premier soin, une fois installée à l'hôtel, était de s'informer de l'église la plus proche, pour y faire une visite au Saint-Sacrement, et le lendemain y entendre la messe. Ce qui l'émerveillait le plus, c'était la catholicité. « Vois donc, disait-elle à son mari, comme c'est beau, comme c'est consolant de voir que partout l'on prie comme nous, avec nous, et pour nous, les mêmes prières à Dieu. »

A Rome, elle s'installa, avec sa famille, à l'hôtel de la Minerve, et ce fut la belle église de Sainte-Marie-sous-Minerve qu'elle adopta pour ses dévotions de tous les jours. Mais, le dimanche, elle se rendait avec les siens à Saint-Louis-des-Français. « Là, on est en France; on y prononce le latin comme en France ; l'on prêche en français, et l'on y foule un sol vraiment français, qui recouvre la poussière de Français. » C'est en effet sous ses dalles qu'une foule de Français dorment leur dernier sommeil, attendant la résurrection de leur cendre. Partout, sur les dalles, sont gravées des épitaphes françaises. C'est là qu'est le mausolée de Madame de Montmorin, dont l'épitaphe fut dictée par Chateaubriand ; et, comme l'on voulait expliquer à Madame Barbier les faits et gestes de quelques personnages, qui reposent là : « *Oh ! ils ont fait bien mieux que cela,* dit-elle : *je lis qu'ils sont morts en chrétiens.* »

Dans les voyages, elle était affable avec tout le monde; mais elle n'aimait pas que les siens liassent connaissance avec les personnes qu'on rencontrait aux tables d'hôtel : « *Vous ne connaissez pas ces personnes,* disait-elle; *vous ne savez pas ce qu'elles sont ; il n'y a pas de détriment à ne pas faire leur connaissance, tandis qu'il pourrait y en avoir à se lier avec elles.* » C'est dans ce sens qu'elle écrivit à son Jules, à Cauterets, le 20 août 1860 :

« .... J'aurais voulu plus de détail sur le
« Monsieur et son fils, qui font le wisth avec
« vous. Le Monsieur ressemble-t-il à ton
« père, et le fils te ressemble-t-il ? Avez-vous
« à gagner avec eux, ou ont-ils à gagner
« avec vous ?..... »

Et, le 24 août, même mois, elle ajoutait à son mari :

« .....Je suis bien aise des détails que tu
« me donnes sur le Monsieur et son fils ; c'est
« déjà quelque chose de les avoir rencontrés ;
« mais je vois que ce n'est pas encore là tout
« à fait ce que je voudrais pour Jules, un ami
« que je payerais au poids de l'or, ayant quel-
« ques années de plus que lui..... »

Madame Barbier sortait peu ; toutefois elle visita avec bien de l'intérêt toutes les grandes Basiliques, et les merveilles qu'elles contiennent : la Table sur laquelle Jésus fit la Cène avec ses disciples, et institua le beau Sacrement d'amour, l'Eucharistie. Un endroit est vermoulu, et l'on prétend que c'est la place qu'occupait Judas. Madame Barbier visita aussi l'Escalier-Saint, qu'elle avait tant de bonheur à monter à genoux ; l'église de Sainte-Praxède, où se trouve la colonne à laquelle fut attaché Notre-Seigneur pour la flagellation, et ailleurs une foule d'autres reliques extrêmement précieuses : un des clous qui traversa la main du divin crucifié ; l'inscription qui était attachée à la croix, et tant d'autres. Madame Barbier était là dans son centre, dans son élément ; son cœur surabondait de contentement. Les merveilles de l'ancienne Rome, de Rome païenne, ne la tentaient pas le moins du monde. Le soir, réunis dans son petit salon, les siens passaient quelques bonnes heures de douce causerie, lui racontaient leurs excursions, leurs découvertes, et tout ce qui pouvait l'intéresser ; et cela lui suffisait amplement. L'abbé Bannache, aujourd'hui Directeur du collége de Juilly, qui avait accompagné la famille, égayait ces bonnes heures, par son entrain et son amabilité. Une seule chose de l'ancienne Rome tenta Madame Barbier : ce fut le Colysée ; elle voulut le voir en détail. Généralement l'on est stupéfait à la vue de cet édifice, de ce colosse, comme il s'appelle en italien (Colosseo). Ce qui frappait Madame Barbier, ce n'était pas l'immensité de ce monument, qui rappelle les travaux cyclopéens des peuples primitifs ; ce n'étaient point ces superbes ruines, qui défient le temps, et rappellent les fameuses ruines de Balbeck, que la grande imagination de Lamartine ne pouvait reconstituer ; non, car le cœur de Madame Barbier se révoltait à la pensée que tout cela n'avait servi que d'abattoir et de boucherie humaine, où quelques fois dix mille gladiateurs étaient venus repaître de leur sang, en un seul jour, les yeux avides d'un Néron, et distraire ses barbares loisirs, aux grands applaudissements d'un peuple en délire. Oh ! misère, honte et pitié ! ! ! Mais Madame Barbier savait que là aussi des milliers de martyrs avaient arrosé cette terre de leur sang, et toutes ces arènes n'étaient plus à ses yeux qu'une immense relique. Son grand bonheur était de venir tous les vendredis, faire, avec une confrérie, le chemin de la croix, qu'on avait édifié dans l'intérieur de ce monument. Comme là, sur cette terre arrosée du sang des martyrs, elle méditait avec recueillement sur la mort du divin crucifié, qui donna volontairement sa vie, pour expier les crimes commis en ces lieux, et partout ailleurs ! Souvent, quelques étrangers passaient là, se découvraient et regardaient avec étonnement. A chaque vomitoire de l'édifice était en sentinelle, gravement, l'arme au bras, un soldat français. Madame Barbier prétendait que ces bons soldats avaient l'air de dire comme Clovis, à un sermon sur la Passion! « *Ah! si nous avions été là avec les camarades!* »

Madame Barbier voulut encore voir les promenades des Jours Gras; et au retour, comme son mari lui en exprimait son étonnement. — Je voulais voir par moi-même; j'avais tant de fois entendu dire qu'à Rome il y avait les mêmes scandales de mascarades qu'ailleurs ;

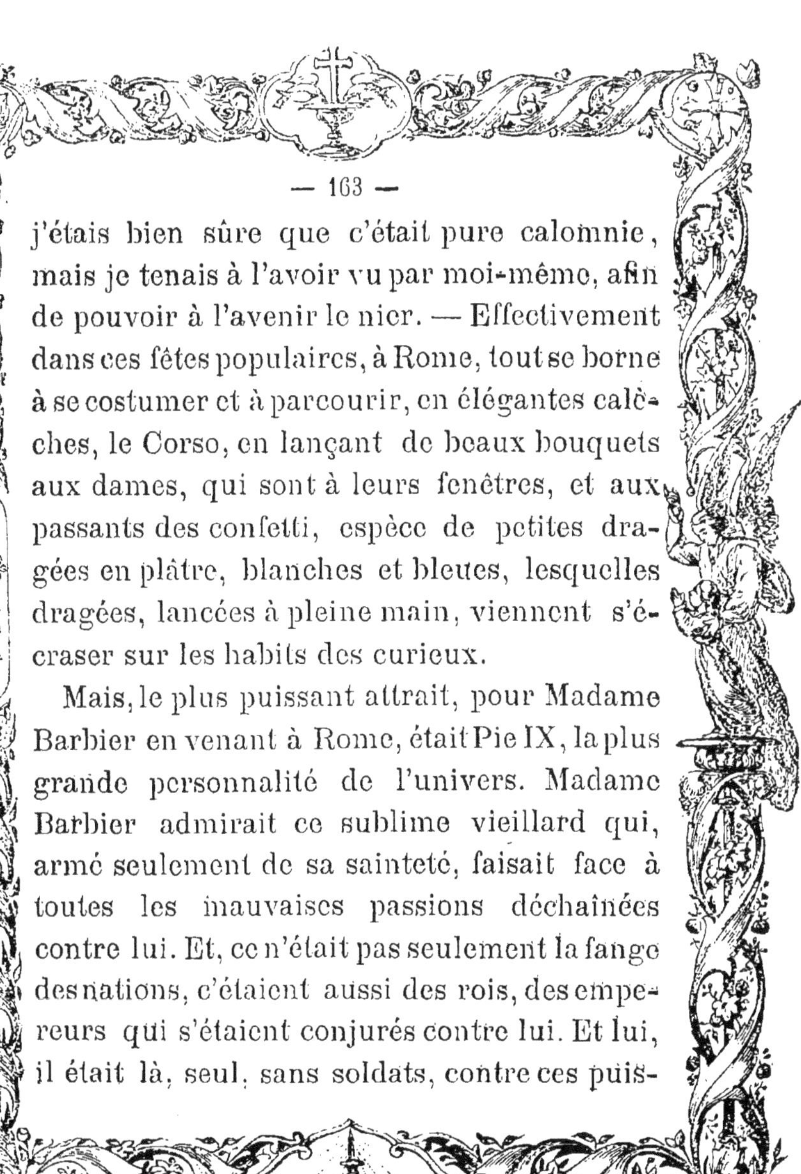

j'étais bien sûre que c'était pure calomnie, mais je tenais à l'avoir vu par moi-même, afin de pouvoir à l'avenir le nier. — Effectivement dans ces fêtes populaires, à Rome, tout se borne à se costumer et à parcourir, en élégantes calèches, le Corso, en lançant de beaux bouquets aux dames, qui sont à leurs fenêtres, et aux passants des confetti, espèce de petites dragées en plâtre, blanches et bleues, lesquelles dragées, lancées à pleine main, viennent s'écraser sur les habits des curieux.

Mais, le plus puissant attrait, pour Madame Barbier en venant à Rome, était Pie IX, la plus grande personnalité de l'univers. Madame Barbier admirait ce sublime vieillard qui, armé seulement de sa sainteté, faisait face à toutes les mauvaises passions déchaînées contre lui. Et, ce n'était pas seulement la fange des nations, c'étaient aussi des rois, des empereurs qui s'étaient conjurés contre lui. Et lui, il était là, seul, sans soldats, contre ces puissamment armés, seul avec sa conscience et sa foi en sa divine mission, seul contre tous, n'ayant à opposer à ce flot, toujours montant, que sa probité de chrétien, comme une digue insurmontable, seul avec son divin Maître, dont la patience ne se lasse point, parce qu'il est éternel.

Madame Barbier avait le plus ardent désir de se prosterner aux pieds du Souverain Pontife, pour lui exprimer sa douloureuse sympathie pour toutes les tortures et les avanies qu'on lui prodiguait depuis bien des années.

Avant de se rendre à l'audience qu'elle avait obtenue du Saint-Père, elle s'était informée de toutes les faveurs spirituelles qu'elle pouvait obtenir, et ce fut avec une grâce, une bonté séraphique que le Saint-Père les lui accorda. En recevant ces faveurs elle eut des paroles comme le cœur seul peut en dicter : « *Oh! bénissez-nous, Saint-Père, bénissez les deux enfants qui me restent!* » Et présentant les mé-

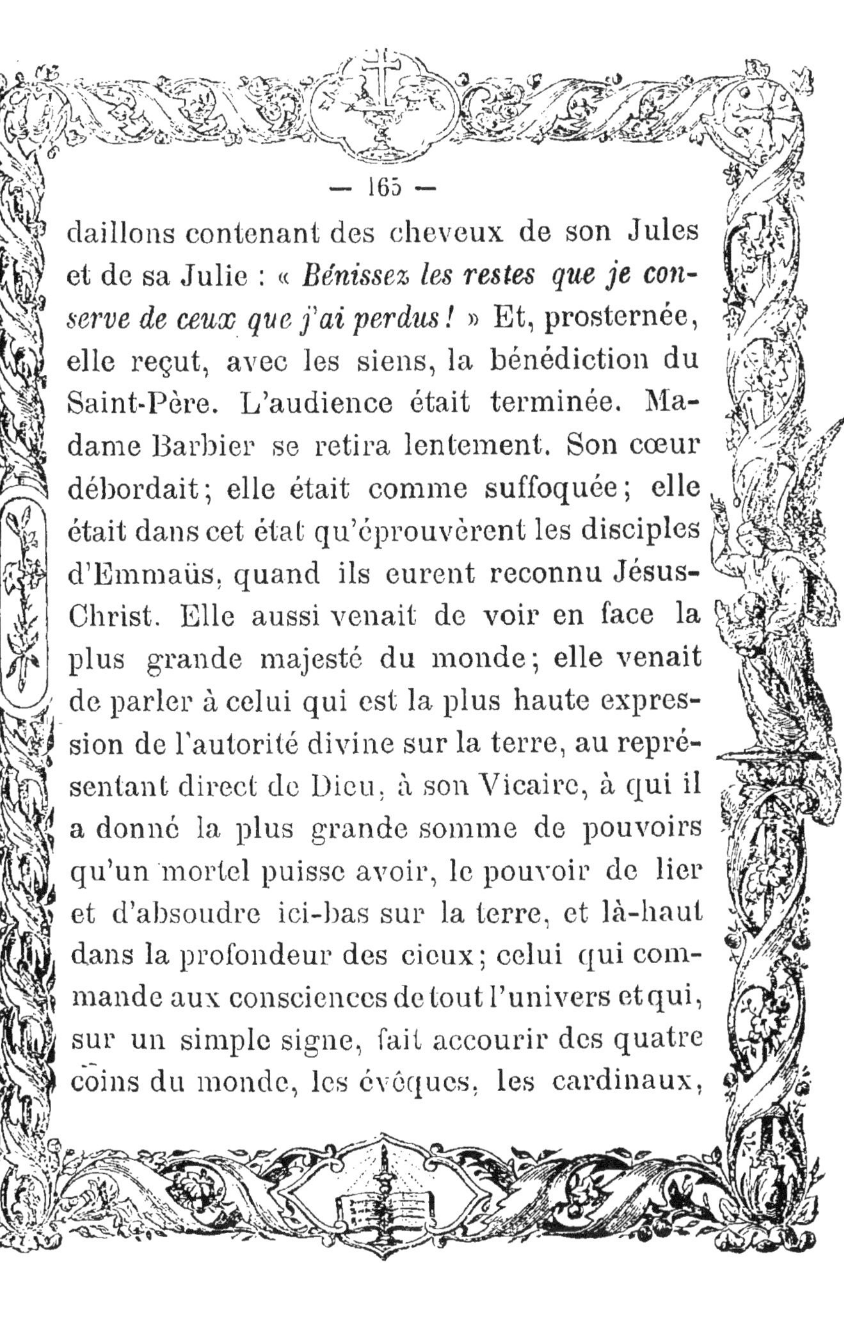

daillons contenant des cheveux de son Jules et de sa Julie : « *Bénissez les restes que je conserve de ceux que j'ai perdus !* » Et, prosternée, elle reçut, avec les siens, la bénédiction du Saint-Père. L'audience était terminée. Madame Barbier se retira lentement. Son cœur débordait ; elle était comme suffoquée ; elle était dans cet état qu'éprouvèrent les disciples d'Emmaüs, quand ils eurent reconnu Jésus-Christ. Elle aussi venait de voir en face la plus grande majesté du monde ; elle venait de parler à celui qui est la plus haute expression de l'autorité divine sur la terre, au représentant direct de Dieu, à son Vicaire, à qui il a donné la plus grande somme de pouvoirs qu'un mortel puisse avoir, le pouvoir de lier et d'absoudre ici-bas sur la terre, et là-haut dans la profondeur des cieux ; celui qui commande aux consciences de tout l'univers et qui, sur un simple signe, fait accourir des quatre coins du monde, les évêques, les cardinaux, les princes de l'Eglise, venait de l'accueillir comme un bon père accueille son enfant. Rentrée chez elle, Madame Barbier rappelait, avec un bonheur indicible, toutes les circonstances de la réception, les moindres détails, et surtout les bonnes paroles du Saint-Père. Elle prétendait qu'il avait appelé son mari par son nom. Elle rangea et mit en ordre tous les objets de piété, qu'elle avait fait bénir par le Saint-Père ; elle jouissait d'avance du bonheur qu'allaient éprouver quelques personnes, à qui elle en destinait. Oh ! c'était bien là la vie selon son cœur qu'elle menait ! Elle ne voyait partout que des sujets d'édification, et n'entendait jamais de ces discours malsonnants, qui lui faisaient tant de mal. Son mari s'applaudissait du voyage. Les chagrins de Madame Barbier paraissaient moins vifs : ce n'était pourtant pas de la simple mélancolie, non ; mais ce n'était plus cette acuité, cette âpreté de regrets ; et puis, à Rome, ce n'était plus comme chez elle, où tout, les murs et les échos lui rappelaient ceux qu'elle avait perdus : ici, les allées du jardin, où elle les avait vus folâtrer ; là, leur chambre, leurs meubles, où tous les moindres objets étaient religieusement conservés à leur place, et comme ils les avaient eux-mêmes rangés : l'on eût cru que Madame Barbier estimait que ses chers défunts étaient en voyage, et qu'elle voulait qu'ils ne trouvassent rien de dérangé à leur retour; elle les sentaït toujours si vivants dans son cœur ! En prenant le deuil, à leur mort, elle avait dit : « Voilà, désormais pour toujours, la couleur de mes vêtements : mon deuil ne peut pas plus finir que mes regrets. »

Cependant, le froid commençait à sévir à Rome. Sur l'avis de son mari, Madame Barbier alla, avec les siens, passer à Naples le mois de janvier, et une partie de février.

Logée sur la Chiaia, en face du beau golfe toujours uni comme une glace, et en vue du

Vésuve, qui vomissait toujours d'épais nuages de fumée, Madame Barbier souriait à cette splendide nature, qui élevait son âme. Heureuse de la joie que manifestaient les siens, elle engageait son mari à faire des excursions avec leurs enfants, à visiter toutes les merveilles de cette riche nature, à parcourir cette contrée travaillée, bouleversée par de grands cataclysmes : Pompéï, Herculanum, le Vésuve, le lac Averne, et cette presqu'île qui renfermait autrefois trois villes, dont les ruines pendent encore au flanc des montagnes ; l'antre, si muet aujourd'hui, de la Sibylle de Cumes, la grotte du Chien, les Étuves de Néron, les cachots où ce tyran avait précipité sa mère Agrippine, et, quelque chose de plus récent, le magnifique Campo-Santo de Naples. « Tu serais honteux, disait-elle à son mari, étant sur les lieux, de ne pas être allé visiter, avec tes enfants, toutes ces choses, qui sont si curieuses. »

Elle prenait elle-même un certain plaisir à visiter toutes ces merveilles : et elle accompagnait souvent les siens dans ces excursions; le climat et le temps splendide, dont on jouissait, s'y prêtaient beaucoup. Madame Barbier avait-elle, dès lors, quelque pressentiment de sa fin prochaine? C'est, en effet, qu'aux yeux d'un mourant le soleil est si beau! et puis, la piété de Madame Barbier elle-même trouvait à ces excursions un certain attrait; c'est ainsi que, dans les arènes de Pouzolles, elle aimait à visiter l'ancienne prison de saint Janvier, aujourd'hui convertie en une petite chapelle; la belle cathédrale de Naples, où reposait la fameuse fiole, contenant du sang de saint Janvier; et puis, elle trouvait bien d'autres sujets d'édification, disséminés en une foule d'endroits.

IX

DERNIERS MOMENTS.

L'homme n'est qu'un devenir perpétuel ; il va, d'une marche vertigineuse, se précipitant toujours dans l'inconnu ; le présent lui échappe et fuit d'une fuite éternelle ; et même, à proprement parler, le présent n'existe pas, et nous ne pouvons ni le saisir ni même le concevoir ; le passé n'est qu'une image survivant à un songe effacé ; et l'avenir : oh, l'avenir ! c'est la mort qui nous guette, nous attend et nous absorbe infailliblement. Malgré cela, généralement, l'on ne croit pas à sa mort ; et l'on ne croit pas davantage à la mort de ceux qui nous sont chers, et dont l'existence fait

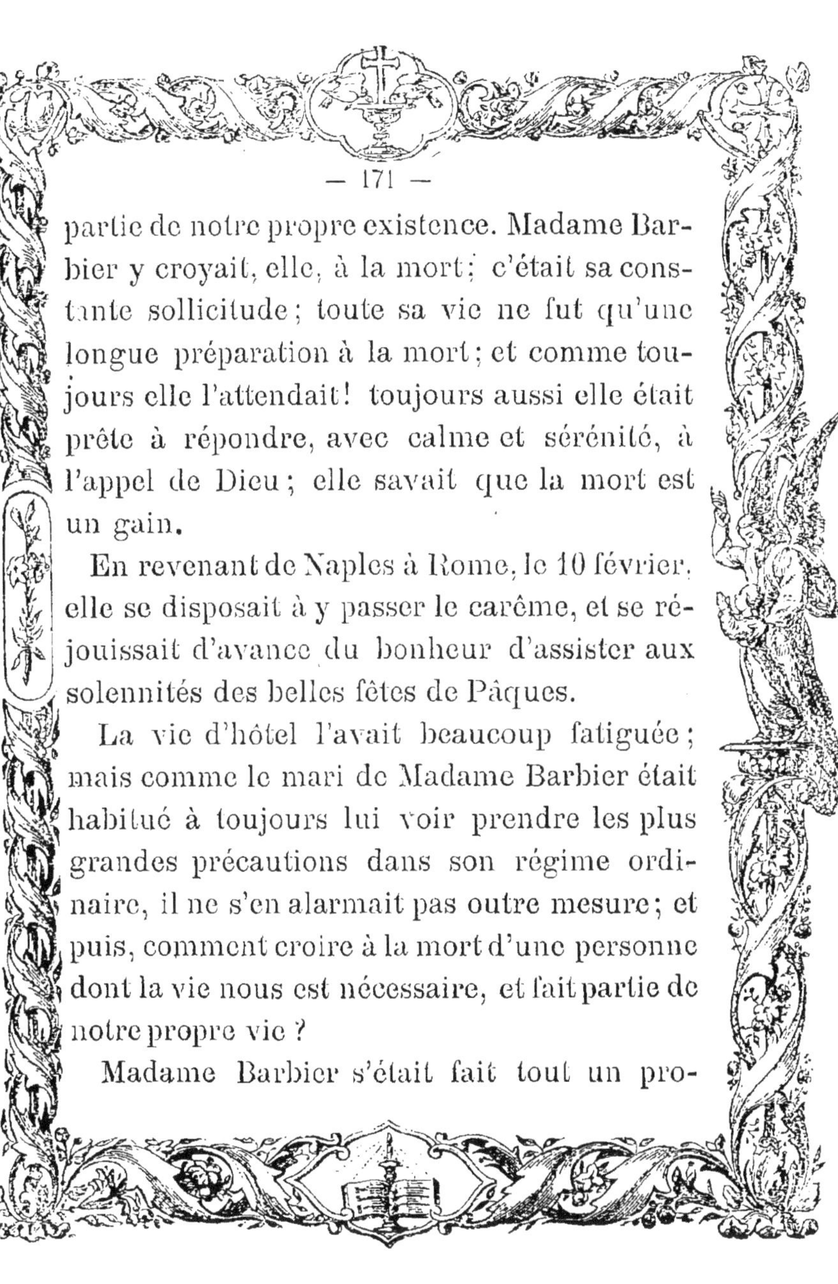

partie de notre propre existence. Madame Barbier y croyait, elle, à la mort; c'était sa constante sollicitude; toute sa vie ne fut qu'une longue préparation à la mort; et comme toujours elle l'attendait! toujours aussi elle était prête à répondre, avec calme et sérénité, à l'appel de Dieu; elle savait que la mort est un gain.

En revenant de Naples à Rome, le 10 février, elle se disposait à y passer le carême, et se réjouissait d'avance du bonheur d'assister aux solennités des belles fêtes de Pâques.

La vie d'hôtel l'avait beaucoup fatiguée; mais comme le mari de Madame Barbier était habitué à toujours lui voir prendre les plus grandes précautions dans son régime ordinaire, il ne s'en alarmait pas outre mesure; et puis, comment croire à la mort d'une personne dont la vie nous est nécessaire, et fait partie de notre propre vie?

Madame Barbier s'était fait tout un programme pour les sept semaines qu'elle comptait encore passer à Rome. Elle voulut même faire le maigre strict, comme on le pratique à Rome pendant le carême, s'abstenant de beurre et de tout laitage, ne prenant que des aliments accommodés à l'huile ; mais son mari lui fit prendre le maigre ordinaire au bout de deux ou trois jours.

Jusqu'alors, elle avait toujours lutté, avec une sublime résignation, contre les secousses de ses malheurs réitérés ; mais elle se sentait à bout de force physique. Un matin, elle pria son mari de ne pas sortir avec ses enfants ; elle avait besoin de lui parler ; c'était le 9 mars 1866. Lorsqu'ils furent seuls, et sans préambule : « *Nous avons besoin de nous entendre pour faire nos arrangements, et aviser à la direction de nos enfants, pour le moment où je vais te manquer ; car, vois-tu, je suis atteinte à mort.* » Foudroyé par un tel langage, son mari ne savait quelle contenance tenir ; et, pour y mettre fin, il voulut la plaisanter, et lui demanda si elle avait encore le choléra : c'est qu'au début de sa grossesse, en 1849, elle s'était figuré que le malaise qu'elle éprouvait, était le choléra.

« *Oh! ne ris pas, répondit-elle ; le cœur a des pressentiments qui ne trompent pas, et on ne s'abuse pas à mon âge; je me sens perdue pour toi, mon pauvre ami : prenons donc nos précautions, et entendons-nous pour la direction de nos enfants, pour le moment où je te manquerai : si nos enfants possèdent quelque chose, ton autorité sera en échec; tu ne seras plus le maître pour les diriger.* »

Sur l'observation de son mari que les père et mère n'étaient pas libres de disposer de toute leur fortune : — *Mais cela n'est pas moral*, — dit-elle ; — si fait, — lui répondit son mari, et il lui démontra les abus où conduirait la pratique contraire.

« *Eh bien ! alors, si nos enfants venaient à*

mourir en minorité, après moi, je voudrais, pour ce cas, disposer de ma fortune de telle manière; » et elle l'indiquait. Sur l'observation de son mari, que cela était encore tout aussi impossible : « *Puisque je n'entends rien aux questions d'intérêt, occupons-nous d'autre chose.* » Recueillie dans les préoccupations du temps, auquel elle allait échapper, et de l'éternité, dont elle entrevoyait les horizons lumineux et fortunés, elle avait hâte de donner ses dernières instructions. Elle conseilla alors à son mari de demander à sa sœur de permettre à sa fille, leur bonne nièce Eugénie, de venir souvent passer quelques mois chez lui, pour mettre dans son intérieur un peu d'entrain, un peu de gaîté, pour leurs enfants, et, à l'occasion, pour être son intermédiaire auprès de leurs enfants, et aussi l'intermédiaire de ceux-ci auprès de lui.

Vaine recommandation ! cette pauvre Eugénie, un an plus tard, alla rejoindre et sa tante et sa mère, qui l'avaient déjà précédée.

Mais, quelle position et quelle conversation ! l'on doit bien comprendre que, tout en affectant un certain air de sérénité et de confiance, qui était loin d'être dans son cœur, le mari de Madame Barbier avait toutes les peines du monde à se contenir, pour ne pas éclater en sanglots ; il tâcha de donner une autre tournure à la conversation ; et, aussitôt qu'il put le faire sans affectation, il sortit ; l'air lui manquait, il étouffait.

Le lendemain, Madame Barbier se trouvait beaucoup mieux ; son mari, renaissant à l'espoir, lui avoua que, la veille, une fois sorti, il n'avait pu retenir ses larmes. Malheureux aveu ! il dut à cela d'être privé d'une foule de conseils et d'avis ; sa sainte femme n'osa plus l'attrister. Cette bonne mère, cette tendre épouse s'était souvent préoccupée du sort réservé à ses enfants et à son mari, si Dieu venait à la rappeler à lui ! Déjà le 19 octobre

1847, quelque temps avant de donner le jour à son troisième fils, à Victor, elle écrivait :

« Je t'écris dans mon lit, mon chéri ; j'étais « assez mal à mon aise hier, et je m'en ressens « encore ce matin..... pendant qu'à moitié « sommeillant, j'étais occupée de toi, de nos af- « faires, de notre éloignement de Paris, cause « de notre séparation momentanée. Et puis, « me voyant à la naissance de notre enfant, « dans ce moment solennel, où la vie et la mort « se touchent, je pensais à te quitter ; je te « plaignais de rester seul, et, arrêtée, dans les « recommandations que j'aurais eues à te « faire, à cette pensée de l'impuissance des « morts à prévoir l'avenir, je me contentais « de confier tes enfants à ton cœur de père ; « et toi, mon ange, à qui te confiais-je, si ce « n'est à Dieu et à la Sainte Vierge, sous la « protection de laquelle je ne manque jamais « de te mettre, quand je te quitte ? pardonne- « moi ce triste détail, mon bon ange ; me

« voilà parfaitement éveillée et toute à toi; es-« pérons que Dieu nous laissera ensemble « unis de cœur, comme nous l'avons toujours « été, et élevant ensemble nos chers enfants, « sous son assistance...... »

Telles étaient alors les mêmes préoccupations de cette bonne mère; elle souriait comme les martyrs, tout en luttant contre le mal qui l'envahissait; elle ne lui permettait pas de troubler la sérénité de son cœur, ni la sérénité de son visage; elle ne voulait pas donner de l'inquiétude aux siens.

Après avoir obtenu une seconde audience du Saint-Père, elle quitta Rome, le 12 mars, avant l'époque fixée, mais si heureuse de cette seconde audience que, malgré ses souffrances et son accablement, son air et tout son être semblaient exhaler le cantique de saint Simon; et dire: « *Nunc dimittis servam tuam, quia viderunt oculi mei salutare meum.* »

Le voyage se fit à petites journées. Madame

Barbier séjourna même un mois à Cannes. Pendant le voyage, elle n'avait qu'un souci, qu'une crainte, c'était de mourir sans avoir reçu l'Extrême-Onction. Plusieurs fois elle recommanda à M. l'abbé Bannache, qui l'accompagnait, de vouloir bien lui administrer ce sacrement, s'il la voyait plus en danger.

C'est pendant ce triste voyage que son mari écrivait, le 10 avril, de Valence, la position de Madame Barbier à son frère aîné; il lui disait, avec bien de la vérité, que c'était la première peine qu'elle lui causait.

Arrivée, le 13 avril au soir, à Paris, elle put enfin se rendre à sa campagne, à Antony, le 17, après s'être fait apporter le bon Dieu avant son départ. Elle eut comme un éclair de joie de revoir son jardin par la fenêtre, et son bel arbre de Judée en fleur, comme elle ne l'avait pas vu depuis plusieurs années. Quelques jours après, elle demanda à son mari de prier

M. le curé de venir lui administrer l'Extrême-Onction ; et comme, à cette demande, elle remarqua de grosses larmes, qui s'échappaient sur son visage : « *Oh non!* — dit-elle — *je te fais de la peine, attendons plus tard.* » Mais son mari lui répliqua qu'au contraire il exigeait de ne pas remettre à un autre temps, ajoutant qu'elle devait comprendre son émotion.

Le 29 avril, de très-bonne heure, Madame Barbier fit tout préparer, dans sa chambre ; pria sa bonne de lui laver les pieds, de lui donner une nouvelle camisole ; elle-même releva ses cheveux, plaça bien sur son lit son crucifix, qu'elle baisait avec foi, s'occupant de la façon dont on plaçait le tout dans sa chambre ; et comme elle ne voulait pas communier en viatique, ce fut dès sept heures du matin, par une splendide matinée, le soleil inondant la chambre de ses rayons, qu'elle reçut le bon Dieu et l'Extrême-Onction. Elle souriait, la sainte femme ; cachait ses souffrances, et ne laissait paraître que le bonheur dont le Dieu d'amour inondait son cœur ! En ce moment, elle avait retrouvé son doux sourire, et ses yeux brillaient comme aux jours heureux. Ses enfants vinrent alors s'agenouiller près de son lit, et lui demander sa bénédiction; son mari vint à la suite : « *Oh! toi aussi père?* —dit-elle de cette voix, qui résonnait déjà l'ange ; et imposant ses mains sur son front :— *Oh! de tout mon cœur, je te bénis.* » Elle était rayonnante: il semblait qu'une auréole l'illuminait.

Le lendemain, elle devisait avec son mari assis près de son lit : et comme ce dernier vint à lui dire : « Ma pauvre amie, avec mon caractère brusque, je t'ai souvent fait de la peine ; j'ai souvent froissé ta tendresse ; je t'en demande bien pardon. » — « *Oh ! c'est à présent que tu m'en fais de la peine* — répondit-elle, avec des larmes dans les yeux et des sanglots dans la voix, — *de me dire des choses comme cela, à moi, qui ai toujours été si heureuse avec toi !* » C'était du reste, là, une pensée qu'elle lui avait exprimée bien des fois dans ses lettres et ailleurs. Voici celle du 21 novembre 1847 :

«..... Ajoute à cela ton cher fils, qui me « tourmente pour avoir du papier ; tu pourras « penser que ta pauvre Euphrosine n'a guère « le temps de réunir ses pensées pour écrire « à son Auguste. Heureusement que celle qui « domine toutes les autres surgit, pour arriver « à toi ; cette pensée, tu la connais ; ce senti- « ment, tu l'éprouves, et c'est pour cela qu'il « m'est si cher, et qu'il fera toujours le bonheur « de ma vie, quels que soient les événements « qui puissent la traverser..... »

Cependant, sa faiblesse augmentait tous les jours, et le 3 mai, Madame Barbier communia pour la dernière fois en viatique. Elle seule ne s'apercevait pas de sa faiblesse. Elle avait pourtant bien jugé sa position auparavant ; mais, depuis plusieurs jours, elle se faisait illusion, au point que, le vendredi qui précéda, elle refusa de prendre un peu de bouillon gras, prétendant qu'elle n'était pas assez malade pour violer la loi d'abstinence ; il fallut que son mari lui dît que son état l'exigeait, pour qu'elle consentît à le prendre.

Une seule chose lui faisait de la peine et un véritable chagrin, c'était de ne plus pouvoir prier comme elle en avait l'habitude; elle ne s'apercevait pas que ses forces l'avaient abandonnée, et ne lui permettaient plus ses tensions d'esprit et ses saintes aspirations. Elle s'en plaignit à son mari : — Mais tu sais bien que M. le curé t'a défendu de prier ; cela te fatigue; il t'a conseillé de songer seulement à quelques scènes de la vie de Notre-Seigneur Jésus-Christ, et encore aux plus douces ; et puis tu as une belle prière à faire : c'est d'offrir à Dieu le sacrifice de ta vie.— Tiens !— fit-elle, avec une candide naïveté, et avec un air de simple étonnement, comme s'il se fût agi

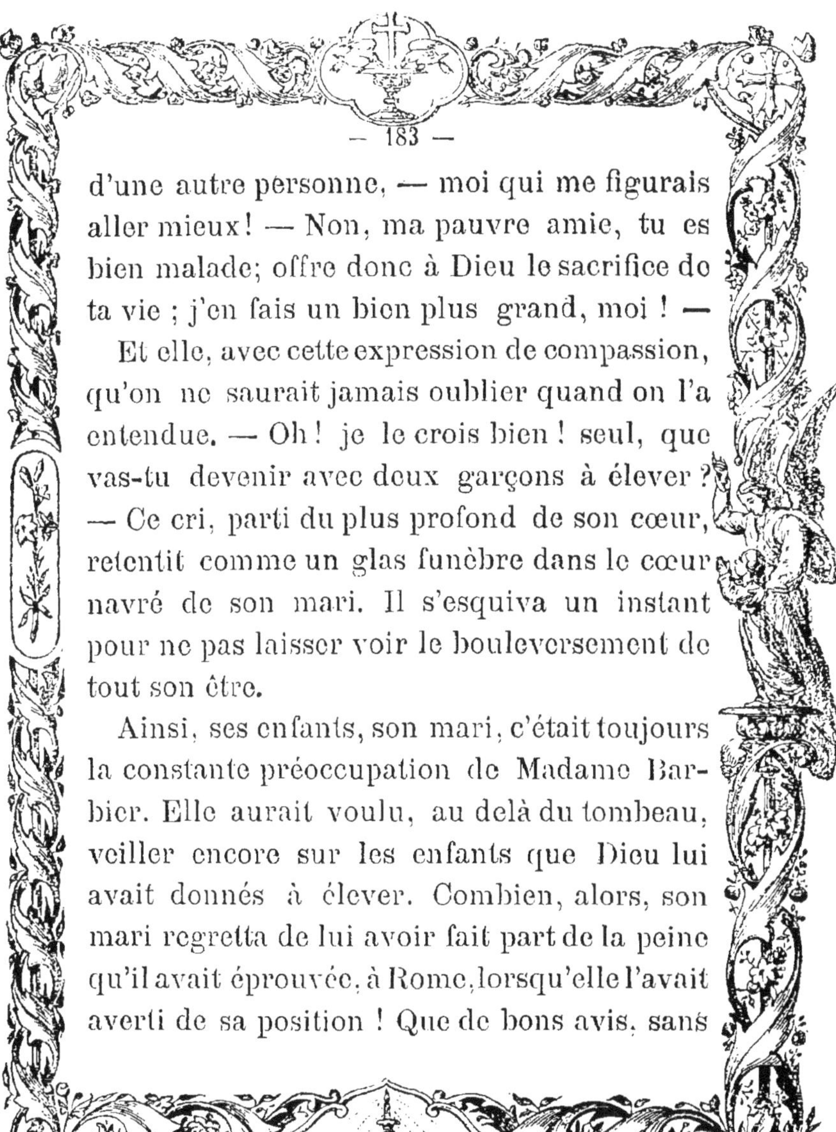

d'une autre personne, — moi qui me figurais aller mieux! — Non, ma pauvre amie, tu es bien malade; offre donc à Dieu le sacrifice de ta vie ; j'en fais un bien plus grand, moi ! —

Et elle, avec cette expression de compassion, qu'on ne saurait jamais oublier quand on l'a entendue. — Oh ! je le crois bien ! seul, que vas-tu devenir avec deux garçons à élever ? — Ce cri, parti du plus profond de son cœur, retentit comme un glas funèbre dans le cœur navré de son mari. Il s'esquiva un instant pour ne pas laisser voir le bouleversement de tout son être.

Ainsi, ses enfants, son mari, c'était toujours la constante préoccupation de Madame Barbier. Elle aurait voulu, au delà du tombeau, veiller encore sur les enfants que Dieu lui avait donnés à élever. Combien, alors, son mari regretta de lui avoir fait part de la peine qu'il avait éprouvée, à Rome, lorsqu'elle l'avait averti de sa position ! Que de bons avis, sans cela, elle lui aurait donnés ! Elle lui eût tracé la conduite à suivre dans toutes les positions ; mais elle n'osa revenir sur ce sujet, auquel pourtant elle pensait toujours : « *je n'ose parler de ma position à mon mari,* disait-elle à sa bonne, *crainte de le chagriner* ; *cela lui fait trop de peine.* » Oh ! sainte, sainte femme !

C'était dans ces jours-là que le confesseur, qui venait de l'entendre, disait à son mari : « Quelle droiture ! quelle timorité de conscience ! Cela nous rend jaloux, nous autres prêtres ; cela nous fait envie, quand une belle âme, comme celle-là, s'ouvre à nous ! » C'est qu'effectivement rien n'est beau comme l'exemple du devoir accompli. C'est bien simple pourtant : écouter au fond de son âme cette voix qui parle sans parole, et obéir ; chercher le calme et la paix en ce monde, et obtenir, par surcroît, le bonheur dans l'éternité ; oui, c'est bien simple, mais c'est sublime ! Telle avait été la pratique constante de Madame Barbier. Tout le monde savait l'apprécier, et le moindre blâme, de qui que ce soit, ne vint jamais effleurer ses intentions droites et pures. C'était bien d'elle aussi, comme de Judith, qu'on pouvait dire : « *Non erat qui loqueretur de illâ verbum* « *malum.* »

Dans sa triste situation, elle conserva toujours son calme, sa douceur et sa résignation habituelle. Jamais une plainte, jamais la manifestation de la moindre inquiétude pour elle-même. Dans son lit de douleur, c'était encore elle qui dirigeait sa maison, organisait les repas, et s'occupait de tout ce qui concernait les siens. Le 28 avril, la veille du jour où elle reçut l'Extrême-Onction, elle avait voulu reprendre son livre de dépenses de maison, pour éviter cet embarras à son mari. Elle vérifia les additions sur un bout de papier, qui est encore conservé à sa place, dans son livre, et demanda de l'argent pour faire faire elle-même les acquisitions nécessaires par sa

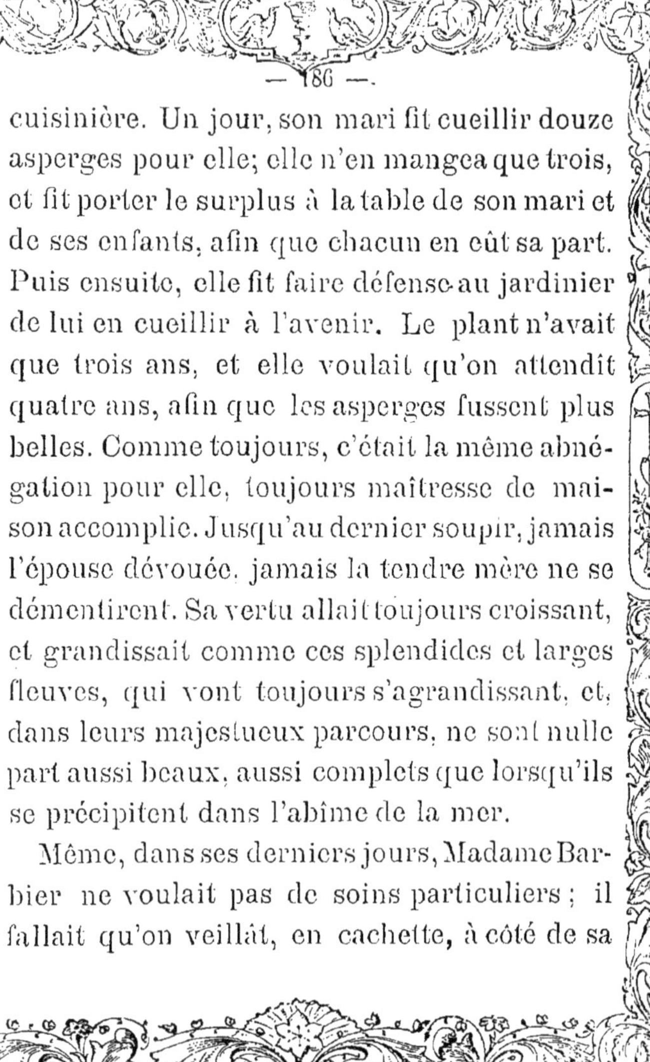

cuisinière. Un jour, son mari fit cueillir douze asperges pour elle; elle n'en mangea que trois, et fit porter le surplus à la table de son mari et de ses enfants, afin que chacun en eût sa part. Puis ensuite, elle fit faire défense au jardinier de lui en cueillir à l'avenir. Le plant n'avait que trois ans, et elle voulait qu'on attendît quatre ans, afin que les asperges fussent plus belles. Comme toujours, c'était la même abnégation pour elle, toujours maîtresse de maison accomplie. Jusqu'au dernier soupir, jamais l'épouse dévouée, jamais la tendre mère ne se démentirent. Sa vertu allait toujours croissant, et grandissait comme ces splendides et larges fleuves, qui vont toujours s'agrandissant, et, dans leurs majestueux parcours, ne sont nulle part aussi beaux, aussi complets que lorsqu'ils se précipitent dans l'abîme de la mer.

Même, dans ses derniers jours, Madame Barbier ne voulait pas de soins particuliers ; il fallait qu'on veillât, en cachette, à côté de sa chambre. Le 4 mai, vers une heure de l'après-midi, elle demanda à son mari de vouloir bien aller faire jouer leurs enfants. Sur son observation que c'était l'heure de l'étude: — « Toi, va donc prendre un peu l'air; va faire un tour de jardin » — ajouta-t-elle. Mais lui, voyant les ravages de la mort qui s'approchait, lui objecta qu'il avait trop de bonheur à rester près d'elle, pour lui donner ce dont elle pouvait avoir besoin. Un peu plus tard, devinant sa pensée, il lui offrit de prier tout haut, près d'elle; ensuite il lui offrit à baiser la statuette de la Sainte Vierge de sa chère Julie. Ce fut un des derniers signes de vie qu'il lui vit exprimer. Sur les trois heures, voyant ses traits s'altérer, il fit appeler leurs enfants; et, à cet instant, arriva la bonne vieille demoiselle Joséphine, avec le second frère de Madame Barbier. Les rôles étaient intervertis: Madame Barbier devait aller assister cette pauvre fille, à sa mort, et c'est elle qui arrivait près de Madame Barbier expirante. Les bonnes entrèrent aussi, et M. Barbier récita, à haute voix, les prières des agonisants pour sa sainte femme, qui fit un dernier effort pour tourner la tête vers le grand Christ pendu contre la paroi du lit. Lorsque les prières furent terminées, Madame Barbier n'était plus ! les anges avaient emporté son âme dans les cieux ! Celle qui avait été une femme parfaite, une mère exemplaire était là, étendue sur sa froide couche, semblant encore sourire aux siens. Peu à peu, toute trace de souffrance ayant disparu, pour faire place au calme, et à une sérénité imposante, elle avait un certain air de gravité solennelle, qui n'est pas de ce monde !

Mon Dieu, que la mort du juste est douce et belle ! Cette âme qui, pendant toute sa vie, avait aspiré au ciel, avait quitté, sans aucun effort, ses liens terrestres. Toute sa vie, elle avait travaillé à s'édifier sa demeure céleste ; sans trouble et sans crainte, elle partit en prendre possession. — Toute sa vie, elle avait eu la simplicité d'intention et le regard de la colombe, et comme dit le Psalmiste : « *Sur les ailes de la colombe, elle prit son vol et alla trouver le repos.* »

Mais, quel vide dans sa maison, quel vide dans le cœur des siens, quel deuil, quel chagrin ! ! !

Une seule consolation leur reste, c'est de prier par les lèvres de cet ange envolé !

A. B.

TABLE

PARIS. — IMP. V. GOUPY ET JOURDAN, RUE DE RENNES, 71.

www.ingramcontent.com/pod-product-compliance
Ingram Content Group UK Ltd.
Pitfield, Milton Keynes, MK11 3LW, UK
UKHW020326230726
13925UKWH00002B/651